Suroso S.Pd. ,MT

O Planeamento de Políticas para o Desenvolvimento do Governo Local

Suroso S.Pd. ,MT

O Planeamento de Políticas para o Desenvolvimento do Governo Local

ScienciaScripts

Imprint
Any brand names and product names mentioned in this book are subject to trademark, brand or patent protection and are trademarks or registered trademarks of their respective holders. The use of brand names, product names, common names, trade names, product descriptions etc. even without a particular marking in this work is in no way to be construed to mean that such names may be regarded as unrestricted in respect of trademark and brand protection legislation and could thus be used by anyone.

Cover image: www.ingimage.com

This book is a translation from the original published under ISBN 978-620-2-09309-5.

Publisher:
Sciencia Scripts
is a trademark of
Dodo Books Indian Ocean Ltd. and OmniScriptum S.R.L Publishing group
Str. Armeneasca 28/1, office 1, Chisinau MD-2012, Republic of Moldova, Europe
Printed at: see last page
ISBN: 978-620-5-35576-3

O PLANEAMENTO POLÍTICO DO GOVERNO LOCAL PARA A ORÇAMENTAÇÃO ADEQUADA DO ENSINO BÁSICO

SUROSO[1]
The Board of Regional Development Planning
Patiegency, Central Java, Indonésia
Email: surosopati321@gmail.com

ABSTRACT

Um planeamento político do governo local para a orçamentação adequada do ensino básico é muito importante para apoiar a implementação da política de aprendizagem obrigatória do ensino básico. Os objectivos da investigação são: (1) desenvolver o modelo de planeamento de políticas para uma orçamentação adequada das escolas primárias; e (2) desenvolver o modelo de planeamento de políticas para uma orçamentação adequada das escolas secundárias. Esta investigação utiliza uma abordagem descritiva- quantitativa. Os dados da investigação consistem em dados primários e secundários. A recolha de dados é conduzida através de observação e entrevista. A análise dos dados utiliza uma abordagem descritiva. Há três conclusões principais. Em primeiro lugar, o planeamento político do governo local para uma orçamentação adequada do ensino básico incorpora o índice local, a taxa de inflação e o custo básico, o valor padrão que é determinado pela lei. Em segundo lugar, a orçamentação adequada do ensino básico irá melhorar anualmente devido à inflação anual. Em terceiro lugar, diferentes governos locais podem ter diferentes orçamentação adequada do ensino básico devido à variação dos índices locais. Por conseguinte, o planeador para a orçamentação adequada do ensino básico deve preparar o planeamento político para uma decisão política anual na orçamentação.
Palavras-chave: *orçamentação adequada, educação básica,planeamento de políticas*

ABSTRAKS

Perencanaan kebijakan pemerintah daerah untuk kecukupan anggaran pendidikan dasar sangat penting untuk mendukung implementasi kebijakan wajib belajar pendidikan dasar. Tujuan penelitian ini adalah: (1) mengembangkan model perencanaan kebijakan untuk kecukupan anggaran bagi sekolah dasar; dan (2) mengembangkan model perencanaan kebijakan untuk kecukupan anggaran bagi sekolah menengah pertama. Penelitian ini menggunakan pendekatan kuantitatif. Data penelitian mencakup data primer dan data skunder. Pengumpulan data dilakukan dengan menggunakan teknik observasi dan wawancara. Os dados de análise de dados de análise são de secretária. Ada 3 temuan utama dalam penelitian ini. Pertama, perencanaan kebijakan pemerintah daerah untuk kecukupan anggaran pendidikan dasar memadukan komponen indeks lokal daerah, tingkat inflasi dan biaya dasar, yakni standar biayayang ditetapkanperaturan yang berlaku. Kedua, kecukupan anggaran pendidikan dasar akan meningkat setiap tahun karena faktor inflasi tahunan. Ketiga, pemerintah daerah yang berbeda memungkinkan memiliki perbedaan kecukupan anggaran pendidikan dasar karena perbedaan indeks lokal daerah. Oleh karena itu, perencana kecukupan biaya pendidikan dasar sebaiknya menyiapkan perencanaan kebijakan untuk keputusan kebijakan dalampenganggaran tersebut.

Kata Kunci: *kecukupan anggaran, pendidikan dasar danperencanaan kebijakan*

---

[1] Investigador no The Board of Regional Development Planning, Pati Regency

INTRODUÇÃO

A nível mundial, 200 milhões de crianças não completaram a escola primária, e muitas que iniciam a escola partem cedo, tanto devido à má qualidade da educação como também devido a factores domésticos como a pobreza (UNESCO, 2012). Análises recentes mostram que os esforços para proporcionar o acesso a uma educação básica a todas as crianças e jovens estão em perigo. A nível mundial, há ainda 57 milhões de crianças fora da escola primária, em grande parte de populações marginalizadas como os rapazes - mas especialmente as raparigas - que são afectadas por conflitos armados, pobreza extrema e deficiência (UNESCO 2013). Recentemente, os compromissos internacionais para com a Educação para Todos (EPT), e os Objectivos de Desenvolvimento do Milénio (ODMs), vieram com esforços significativos, principalmente através da redução dos custos directos para os pais, para aumentar as matrículas na escola primária. Os países em desenvolvimento e os seus parceiros aumentaram os esforços para melhorar a utilização eficiente e adequada dos fundos públicos (Kiprono et al, 2015).

Educação para Todos (EPT) torna-se prioridade de desenvolvimento a nível internacional. Há seis objectivos da educação para todos: (1) expandir e melhorar os cuidados e a educação abrangente na primeira infância, especialmente para as crianças mais vulneráveis e desfavorecidas; (2) assegurar que até 2015 todas as crianças, particularmente as raparigas, crianças em circunstâncias difíceis e as pertencentes a minorias étnicas, tenham acesso e completem o ensino primário gratuito e obrigatório de boa qualidade; (3) assegurar que as necessidades de aprendizagem de todos os jovens e adultos sejam satisfeitas através do acesso equitativo a programas de aprendizagem e de competências para a vida adequados; (4) alcançar uma melhoria de 50% nos níveis de alfabetização de adultos até 2015, especialmente das mulheres, e um acesso equitativo ao ensino básico e contínuo para todos os adultos; (5) eliminar as disparidades de género no ensino primário e secundário até 2005, e alcançar a igualdade de género no ensino até 2015, com ênfase na garantia de acesso pleno e igualitário das raparigas ao ensino básico de boa qualidade, bem como na sua consecução; e (6) melhorar todos os aspectos da qualidade da educação e assegurar a excelência de todos, de modo a que os resultados de aprendizagem reconhecidos e mensuráveis sejam alcançados por todos, especialmente na alfabetização, numeracia e competências essenciais para a vida (UNESCO, 2014). Educação para Todos (EPT) ou "Educação Básica" torna-se o desenvolvimento prioritário a nível mundial.

Desenvolvimento Prioritário do Ensino Básico

Há um reconhecimento generalizado de que a educação deve ser uma prioridade global. Alcançar o ensino primário universal, o segundo ODM, é frequentemente identificado como uma das áreas em que foram feitos progressos, apesar de, com 57 milhões de crianças ainda fora da escola, serem reconhecidos negócios substanciais inacabados (ONU, 2013).

A realização dos Objectivos de Desenvolvimento do Milénio (ODM) da educação básica universal (UBE) ou Educação para Todos (EPT) exige que todas as crianças entrem na escola primária, completem o ciclo, e adquiram um conjunto de competências básicas. Embora as taxas de acesso tenham melhorado ao longo da última década, o acesso equitativo continua a ser um problema. O acesso difere significativamente por rendimento familiar, localização urbana/rural, e género. Um obstáculo-chave à realização do ODM para a educação é o elevado custo da educação para os pais, especialmente para os agregados familiares mais pobres. As taxas de utilização continuam a ser comuns em muitos países cujas constituições obrigam a uma educação gratuita. À medida que os países procuram formas de aumentar o acesso à educação, a eliminação ou redução das propinas é uma política natural a considerar. Há uma procura contínua por parte dos países clientes de orientação sobre a implementação do ensino primário gratuito (Kattan, 2006).

Educação para Todos (EPT) do ensino básico na Indonésia é implementada através da utilização da regulamentação da aprendizagem obrigatória para o ensino básico (PP No 47, 2008). Para implementar o regulamento da política de aprendizagem obrigatória para o ensino básico, por vezes surgem obstáculos que se prendem com a política de orçamentação adequada do ensino básico. Por um lado, os executivos propõem o aumento do financiamento para a orçamentação adequada do ensino básico. Por outro lado, o parlamento local (DPRD) exige a orçamentação adequada, que se baseia em análises adequadas das necessidades. Quando a instituição relacionada especialmente, as autoridades de educação não têm um planeador capaz, o planeamento político do governo local para a orçamentação adequada do ensino básico pode estar em dificuldades. O processo orçamental pode estar em situações complexas.

O processo orçamental é levado a cabo em qualquer cenário onde os recursos devem ser divididos entre numerosos requerentes. A orçamentação é um processo de transformação de recursos financeiros em serviços para fins humanos. Os recursos são limitados, mas os desejos humanos não o são. Assim, deve ser encontrada alguma forma de dividir os recursos disponíveis entre serviços concorrentes. O orçamento serve diversos propósitos, e por detrás de cada orçamento governamental que necessariamente recebe receitas de alguns cidadãos e as distribui por outros, existem conflitos. Um orçamento pode, portanto, ser considerado como um registo de vitórias, derrotas, barganhas e compromissos sobre atribuições passadas, tal como reflectido nos itens incluídos e excluídos. É também uma declaração sobre o futuro. Tenta ligar as despesas propostas com acontecimentos futuros desejáveis. Um orçamento deve, portanto, consistir em planos. Deve tentar determinar estados futuros de coisas através de uma série de acções em curso. Por conseguinte, os orçamentos são também previsões (UNESCO, 2009).

Para realizar a educação para todos e o ensino básico universal necessita de um orçamento adequado de financiamento público. Nos últimos anos, o financiamento público da educação tem sido uma prioridade para os governos dos países em desenvolvimento durante várias décadas. Isto porque a educação é vista nas sociedades modernas como um pilar importante do desenvolvimento sócio-económico.

No entanto, o sector da educação tem enfrentado uma concorrência mais forte de outros sectores que também procuram apoio financeiro do governo. Dados os recursos limitados que os governos podem gerar a partir dos impostos e outras fontes de receitas, tem havido um forte impulso para melhorar a forma como as receitas são distribuídas entre os diferentes sectores, levando a esforços mais fortes para melhorar a política de despesas públicas. O orçamento é o meio pelo qual os governos, em geral, atribuem recursos à educação, pelo que qualquer melhoria na gestão destes recursos exigirá uma melhoria nos processos orçamentais governamentais (Diamond, 2006).

Planeamento de Políticas Públicas para a Orçamentação da Educação Básica

O "ensino básico" é o ensino com as formas de Escola Primária (SD), madrasah ibtidaiyah (MI) ou outras formas iguais, também Escola Secundária (SMP) e madrasah tsanawiyah (MTs) ou outras formas iguais (UU No 20, 2003). Para garantir o ensino básico como educação para todos na Indonésia, o governo esablishes uma política pública de aprendizagem obrigatória para o ensino básico (PP N.º 47, 2008).

Acedendo a Nugroho (2006), "política pública" é tudo o que é feito pelos governos respeitando a razão pela qual o fazem e o que tem impacto para uma vida melhor. Para implementar a política pública de aprendizagem obrigatória para o ensino básico, é necessário um orçamento adequado.

Um orçamento é definido em termos gerais como uma declaração das receitas e despesas estimadas de um país, organização, ou indivíduo ao longo de um determinado período futuro. No caso de processos e procedimentos orçamentais a nível governamental, a noção de orçamento é mais precisa e tem um maior significado jurídico. Um orçamento governamental pode portanto ser desafiado como: um acto segundo o qual as futuras receitas e despesas anuais do governo são estimadas e autorizadas. Um orçamento do governo é uma declaração de receitas e despesas previstas. O orçamento não corresponde ao registo de receitas e despesas passadas; tenta estimar qual será a situação no próximo ano. Assim, a preparação do orçamento exige uma avaliação técnica das receitas e despesas futuras e que as decisões políticas sejam adoptadas e as suposições feitas. O orçamento é estabelecido para um período específico, normalmente de um ano. Este pode ser o ano civil, ou pode ter início em qualquer outra data (UNESCO, 2008).

Lidando com a política orçamental para o ensino básico na Indonésia, o Ministério da Educação estabelece o regulamento para o padrão de orçamentação não-pessoal. É o regulamento denominado Ministery Regulation of National Education No 69, 2009 (Permendiknas) que regula o padrão de orçamentação não-pessoal e as suas variantes de índices locais para os governos locais em todo o país. A orçamentação é o padrão de custos necessário para cobrir as actividades operacionais dos programas (excluindo o salário) durante um ano no termo da educação para a sustentabilidade escolar, a fim de gerir sem problemas as actividades educativas e de atingir o padrão de educação nasional (SNP).

Com base no regulamento acima, os custos operacionais para o ensino básico são os seguintes: (1) o custo operacional para o ensino básico com 6 turmas e cada turma composta por 28 alunos, nomeadamente 97.440.000 Rupias por escola, 16.240.000 Rupias por turma e 580.000 Rupias por aluno durante um ano; e (2) o custo operacional para o ensino secundário júnior com 6 turmas e cada turma composta por 32 alunos, nomeadamente 136.320.000 Rupias por escola, 22.720.000 Rupias por turma e 710.000 Rupias por aluno durante um ano. Deve-se ter em mente que o orçamento padrão é adequado para o governo local em Jacarta (DKI) 2009.

Para implementar o custo padrão do ensino básico para os governos locais do país (Indonésia) deve ser adequado ao índice local e incorporar uma taxa de inflação ao longo dos anos, pelo que uma orçamentação anual adequada para o ensino básico necessita de um planeamento adequado. O planeamento é uma forma de tomada de decisões por indivíduos e organizações que geralmente envolve situações mais complexas, um prazo mais longo para acções e resultados, e mais reflexão prévia sobre escolhas alternativas e as suas consequências. O planeamento pelas organizações também envolve um quadro de implementação (Abbott, 2005).

Lidando com a política orçamental, o Departamento de Desenvolvimento Humano do Banco Mundial lançou uma iniciativa chamada System Assessment and Benchmarking for Education Results (SABER). O objectivo é obter uma compreensão mais profunda dos acordos de financiamento e governação que são utilizados para criar e manter as condições necessárias para a aprendizagem dos estudantes no ensino básico. A SABER procura documentar e avaliar as características dos sistemas, políticas e programas de financiamento escolar em todo o mundo, e tornar esta informação e análise amplamente disponíveis para o pessoal do Banco Mundial, decisores políticos e investigadores. Os sistemas de finanças escolares e as políticas educativas devem melhorar a *"adequação"* (Vegas, 2011) Os sistemas de financiamento da educação devem fornecer recursos adequados para assegurar que todos os estudantes tenham a oportunidade de receber um ensino básico de alta qualidade. O nível de recursos financeiros é importante para assegurar que os estudantes tenham acesso a um padrão mínimo de recursos e materiais, os estudos realizados com base em dados de avaliações internacionais de vários países mostram uma relação fraca, se é que existe, entre as despesas globais com a educação e a aprendizagem dos estudantes, mesmo quando se trata de controlar os factores familiares e escolares (Hanushek e Kimko 2000). Cada país tem a responsabilidade de definir uma educação adequada, dados os seus objectivos de desenvolvimento e os recursos disponíveis, e determinar a quantia de dinheiro que cada escola precisaria para atingir este nível de realização, tal como medido pelos resultados dos estudantes (Reschovsky 2009).

A relação precisa entre as despesas e os resultados da educação é complicada de estimar, é difícil dar conta da qualidade dos professores e das características dos estudantes (Rice and Schwartz 2008). há acordo em que para além de um determinado limiar, a forma como os fundos para a educação são gastos é mais importante do que o quanto é gasto. A orçamentação baseada na adequação atribui fundos em relação aos custos estimados para alcançar resultados pré-determinados estabelecidos numa base nacional pela constituição, legislatura, ou uma ordem executiva.

Em resumo, o planeamento político para uma orçamentação adequada da educação básica pode ser uma questão complexa para os governos locais na Indonésia. Por conseguinte, este estudo visa desenvolver o modelo de planeamento de políticas para a orçamentação adequada das escolas primárias e escolas secundárias que podem ser utilizadas pelos governos locais. As escolas primárias e escolas secundárias são muitas vezes chamadas "educação básica", que se torna o desenvolvimento prioritário a nível mundial.

O MÉTODO DE INVESTIGAÇÃO

A investigação tem sido realizada em Pati Regency, Central Java, Indonésia, ft utiliza uma abordagem descritiva-quantitativa. Os dados da investigação consistem em dados primários e secundários. A recolha de dados é conduzida através de observação e entrevista. Os recursos de dados consistem em documentos, eventos de campo e recursos pessoais. As análises dos dados utilizam os descritivos. As análises para a orçamentação adequada (AB) do ensino básico incorporam 4 factores. Em primeiro lugar, é o custo de base (AC), é o valor baseado nas leis. Em segundo lugar, é um índice (f). ft é o índice local da regência que é determinado pela lei. Em terceiro lugar, é o tempo referido n ano (n) desde que a lei é legalizada. Em quarto lugar, é a taxa de inflação (r) referente à inflação média anual no país ou área local. Ao incorporar os factores, a análise para uma orçamentação adequada utiliza a seguinte fórmula:

AB = (BC x I) + (BC x rn)   AB= orçamentação adequada
BC = custo básico (custo baseado na lei)
1 = índice local baseado na lei r. = taxa de inflação (6 %) n. = tempo (n ao longo do ano)

Lidando com o custo básico como mencionado anteriormente, o custo operacional para a escola primária com 6 turmas e cada turma composta por 28 alunos, nomeadamente: (a) 97.440.000 Rupias por escola; (b) 16.240.000 Rupias por turma; e (c) 580.000 Rupias por aluno durante um ano. O custo operacional para o ensino secundário júnior com 6 turmas e cada turma composta por 32 alunos, nomeadamente: (a) 136.320.000 Rupias por escola; (b) 22.720.000 Rupias por turma; e (c) 710.000 Rupias por aluno durante um ano. A análise da orçamentação adequada do ensino básico nesta investigação utiliza os valores por aluno. É adequada à política nacional de financiamento operacional da escola (BOS)

OS RESULTADOS E A DISCUSSÃO

A Análise da Orçamentação Adequada para o Ensino Básico

A análise da orçamentação adequada deve incorporar três factores básicos e um factor local. Os três factores básicos são: (1) custo básico (BC), o custo baseado na lei que utiliza a norma na DKI; (2) a taxa de inflação (r) é considerada cerca de 6 % anualmente; e (3) o tempo refere-se a quantos anos (n) é a diferença entre o ano da lei legalizada e o ano actual. Além disso, a análise de orçamentação adequada deve incorporar o índice local em comparação com o custo básico.

A análise para a orçamentação adequada da escola primária em Pati Regency em 2015, por exemplo, incorpora quatro factores determinantes: (1) o custo básico (BC) para o ensino básico é de Rp.580.000 por aluno; (2) o tempo refere-se a quantos anos de diferença entre o ano da lei legalizada (2009) e o presente ano (2015) é de 6 anos (n); (3) a taxa de inflação (r) é considerada cerca de 6 % anualmente, pelo que a taxa de inflação de 2009 a 2015 é de 36 % que provém de 6 % x 6 anos; e (4) o índice local (I) de Pati Regency é de 0,903 do índice na DKI. É o índice baseado na lei (Permendiknas No 69, 2009).

Com base nos valores acima do planeamento de políticas para a orçamentação adequada da escola primária em Pati Regency pode ser calculado. A orçamentação adequada da escola primária em Pati Regency em 2015 é de 712.300 rupias, que é apresentada na tabela seguinte.

Quadro 1. A orçamentação adequada da Escola Primária em Regência de Pacientes

Valor do ano	Custo por estudante				Índice local de Regência de Pacientes		
	(Permendiknas 69, 2009)				(I = 0,903)		
N	(n)	BC (padrão)	r(%)	Total	norma	r(%)	Total
2009	0	580000	0	580000	523750	0	523750
2010	1	580000	6	614800	523750	6	555175
2011	2	580000	12	649600	523750	12	586600
2012	3	580000	18	684400	523750	18	618025
2013	4	580000	24	719200	523750	24	649450
2014	5	580000	30	754000	523750	30	680875
2015	**6**	**580000**	**36**	**788800**	**523750**	**36**	**712300**
2016	**7**	**580000**	**42**	**823600**	**523750**	**42**	**743725**
2017	8	580000	48	858400	523750	48	775150

A orçamentação adequada da escola primária em Pati Regency em 2015 é de 712.300 rupias e torna-se em 775.150 rupias em 2016. A orçamentação adequada da escola primária em Pati Regency muda de tempos a tempos, respeitando os factores de tempo (ano n) e a taxa de inflação (r).

A Adopção do Modelo Político de Orçamentação do Ensino Básico

O modelo de planeamento político para uma orçamentação adequada da escola primária pode ser adoptado por outros governos locais. A análise da orçamentação adequada deve incorporar três factores básicos e um factor local. Apenas um factor que deve ser adequado ao contexto local, nomeadamente o índice local do governo local na regência. Com base na mesma lei (Permendiknas No 69, 2009), alguns governos locais para instâncias, o índice da Regência de Banyumas é de 0,911. O índice de Purworejo Regency é de 0,901. O índice de Garut Regency é de 0,908. Os governos locais podem adoptar o modelo de planeamento de políticas para uma orçamentação adequada da escola primária para o seu próprio governo local, que é apresentado no quadro seguinte.

Quadro 2 A Política de Adopção de Orçamento para o Ensino Básico em Algumas Regências em 2016

Não	Factores	Padrão Índice (DKI)	Índice do Governo Local			
			Paciente (0,903)	Banyumas (0,911)	Purworejo (0,901)	Garut (0,908)
1	Custo básico (rupias)	580.000	523.740	528.380	522.580	526.640
2	Tempo 2009-2016 (n ano)	7	7	7	7	7
3	Taxa de inflação (%) por ano	6	6	6	6	6
4	Inflação 2009-2016 (%)	42%	42%	42%	42%	42%
5	Valor de 42	243.600	219.971	221.920	219.484	221.189
	Orçamentação Adequada	823.600	743.711	750.300	742.064	747.829
	Orçamento de arredondamento para 2016	823.600	743725	750.300	742.100	747.850

O modelo de planeamento político para uma orçamentação adequada da escola primária pode ser adoptado por outros governos locais. Banyumas, por exemplo, tem um índice local de 0,911. O índice é determinado na lei (Permendiknas No 69, 2009). Ao ter um índice 0,911 baseado na lei, quando a orçamentação adequada para a escola primária na DKI é de 580.000 rupias em 2009, a orçamentação adequada para a escola primária em Banyumas é de 528.380 rupias. Sete anos mais tarde (2016), com um índice de 0,911, quando a orçamentação adequada para a escola primária na DKI é de 823.600 rupias, a orçamentação adequada para a escola primária em Banyumas é de 750.300 rupias. Os outros governos locais têm uma forma semelhante de gerir o planeamento de políticas para a orçamentação adequada da escola primária.

Responsabilidade do Governo Local na Orçamentação do Ensino Básico

A nível nacional, existe uma disparidade entre o padrão de orçamentação adequada para a escola primária e o financiamento operacional da escola (BOS) em 2009. O padrão de orçamentação adequada para a escola primária é de 580.000 rupias por aluno, enquanto o financiamento operacional da escola (BOS) é de 397.000 rupias. A disparidade tem tido lugar há alguns anos devido a quaisquer razões. A existência de um problema de disparidade entre o padrão de orçamentação adequada para a escola primária e o financiamento operacional da escola (BOS) precisa de uma sabedoria local para ultrapassar o problema. Uma das soluções é fazer um planeamento político para uma orçamentação adequada da escola primária. Uma responsabilidade do governo local é providenciar a escassez do financiamento para a elaboração do orçamento da escola primária.

Para conduzir a responsabilidade pelo financiamento da escola primária, o governo local deve considerar: (1) fornecer financiamento operacional da escola (BOS) a partir do orçamento nacional (APBN); (2) fornecer financiamento operacional da escola a partir da província; (3) financiamento prévio da escola primária em regência; e (4) orçamentação adequada da escola primária. O financiamento operacional total do BOS, província e financiamento anterior do rengency é comparado ao orçamento adequado para a escola primária. Se o financiamento total fornecido for inferior ao orçamento adequado para a escola primária, significa que o governo local da regência deve fornecer mais fundos para colmatar a falta de financiamento para a escola primária.

No Pati Regency em 2015, por exemplo, o financiamento operacional escolar (BOS) do orçamento nacional (APBN) para a escola primária é de 580.000 rupias por aluno. O financiamento operacional da escola por província é de 30.000 rupias por aluno. O financiamento para a escola primária em regência em 2015 é de 43.000 rupias por aluno. O financiamento operacional total do BOS, província e financiamento anterior do rengency é de 653.000 rupias por aluno do ensino básico. Por outro lado, o orçamento adequado para a escola primária na regência é de 712.300 rupias por aluno, pelo que o défice é de 59.300 rupias por aluno para o financiamento operacional da escola primária. A escassez de financiamento operacional para a escola primária no Pati Regency é mostrada no quadro seguinte.

Tabel 3. Falta de Financiamento Operacional para a Escola Primária em Regência de Pacientes

Ano	Financiamento Operacional da Escola Primária			Encontro Financiamento total	de Financiamento Equivalente Financiamento em Paciente (I = 0,903)	Falta (Gap)
	BOS (APBN)	Província (APBD I)	Regência (APBD II)			
2009	397.000	30.000	30.000	457.000	523.750	66.750
2010	397.000	30.000	30.000	457.000	555.175	98.175
2011	397.000	30.000	32.500	459.500	586.600	127.100
2012	580.000	30.000	32.000	642.000	618.025	-23.975
2013	580.000	30.000	43.000	653.000	649.450	-3.550
2014	580.000	30.000	43.000	653.000	680.875	27.875
2015	580.000	30.000	43.000	653.000	712.300	59.300
2016	580.000	30.000	43.000	653.000	743.725	90.725

Normativamente, a escassez do financiamento operacional da escola primária deve ser assegurada pelo governo local. Em 2016, o governo local de Pati Regency deverá melhorar o financiamento operacional da escola primária. Quando o financiamento operacional total do BOS, província e financiamento anterior do rengency é de 653.000 rupias por aluno e o orçamento adequado para a escola primária no regency é de 743.725 rupias por aluno, pelo que a escassez é de 90.725 rupias por aluno para o financiamento operacional da escola primária. É da responsabilidade do governo local apoiar a implementação de políticas de aprendizagem obrigatória para o ensino básico, que é mandatado pelas leis na Indonésia.

A Análise de Orçamentação Adequada para a Escola Secundária

O planeamento político para a orçamentação adequada da escola secundária deve incorporar três factores básicos e um factor local. Os três factores básicos são: (1) custo básico (BC), o custo baseado na lei; (2) taxa de inflação anual (r): e (3) o tempo refere-se a diferentes anos (n) entre o ano da lei legalizada e o ano actual. Além disso, a análise de orçamentação adequada deve incorporar o índice local em comparação com o custo básico padrão.

Para analisar a orçamentação adequada do Patiegency do ensino secundário em 2015, por exemplo, o custo básico (BC) para o ensino secundário é de 710.000 por aluno. O tempo refere-se a quantos anos de diferença entre o ano da lei legalizada (2009) e o presente ano (2015) é de 5 (n). A taxa de inflação (r) é considerada cerca de 6 % anualmente, pelo que a taxa de inflação de 2009 a 2016 é de 36 % que provém de 6 % x 6 anos. O índice local (I) do Pati Regency é de 0,903 a partir do índice na DKI (padrão). É o índice baseado na lei (Permendiknas No 69, 2009). Com base nos valores acima do planeamento de políticas para a orçamentação adequada da escola secundária de Pati Regency pode lamentar e organizar o que é mostrado na tabela seguinte.

Quadro 4 A orçamentação adequada da Escola Secundária em Regência de Pacientes

Tahun	Custo por estudante (Permendiknas 69, 2009)				Índice Local de Regência de Pacientes (I = 0,903)		
	n	BC (padrão)	r(%)	Total	Custo	r(%)	Jumlah
2009	0	710.000	0	710.000	641.130		0641.130
2010	1	710.000	6	752.600	641.130		6679.598
2011	2	710.000	12	795.200	641.130	12	718.066
2012	3	710.000	18	837.800	641.130	18	756.533
2013	4	710.000	24	880.400	641.130	24	795.001
2014	5	710.000	30	923.000	641.130	30	833.469
2015	**6**	**710.000**	**36**	**965.600**	**641.130**	**36**	**871.937**
2016	**7**	**710.000**	**42**	**1.008.200**	**641.130**	**42**	**910.405**
2017	8	710.000	48	1.050.800	641.130	48	948.872

A orçamentação adequada da escola secundária em Pati Regency em 2015 **é de 871.937** rupias por aluno e torna-se **910.405** rupias por aluno em 2016. A orçamentação adequada do ensino secundário em Patiegency muda de tempos a tempos, respeitando os factores de tempo (ano n) e a taxa de inflação (r).

A Adopção do Modelo Político de Orçamento para as Escolas do Ensino Secundário

O modelo de planeamento político para uma orçamentação adequada da escola secundária pode ser adoptado por outros governos locais. O planeamento de políticas para a orçamentação adequada da escola secundária deve incorporar três factores básicos e um factor local. A adopção é conduzida por um contexto local, nomeadamente o índice local do governo local na regência. Com base na lei nacional, na Regência de Banyumas, por exemplo, o índice é de 0,911. O índice da Regência de Purworejo é de 0,901. O índice da Regência de Garut é de 0,908. Estes governos locais podem adoptar o modelo de planeamento político para a orçamentação adequada da escola secundária para o seu próprio contexto local, que é apresentado no quadro seguinte.

Quadro 5 A Política de Adopção de Orçamento para as Escolas do Ensino Secundário em Algumas Regências em 2016

Não	Factores	Índice padrão (DKI)	Índice do Governo Local			
			Paciente (0,903)	Banyumas (0,911)	Purworejo (0,901)	Garut (0,908)
1	Custo básico (rupias)	710.000	641.130	646.810	639.710	644.680
2	Tempo 2009-2016 (n ano)	7	7	7	7	7
3	Taxa de inflação (%) por ano	6	6	6	6	6
4	Inflação 2009-2016 (%)	42%	42%	42%	42%	42%
5	Valor de 42	298.200	269.275	271.660	268.678	270.766
	Orçamentação Adequada	1.008.200	910.405	918.470	908.388	915.446
	Orçamento de arredondamento para 2016	1.008.200	910.400	918.470	908.390	915.450

O modelo de planeamento de políticas para uma orçamentação adequada do liceu pode ser adoptado por outros governos locais. Purworejo, por exemplo, tem um índice local de 0,908. O índice é determinado na lei nacional (Permendiknas No 69, 2009). Ao ter um índice 0,908 baseado na lei, quando a orçamentação adequada para a escola secundária de Purworejo é de 710.000 rupias em 2009, a orçamentação adequada para a escola secundária de Purworejo é de 639.710 rupias por aluno. Sete anos mais tarde (2016), ao ter um índice de 0,908, quando a orçamentação adequada para a escola secundária de Purworejo é de **1.008.200** rupias, a orçamentação adequada para a escola secundária de Purworejo é de **908.390** rupias por aluno. Os outros governos locais têm uma forma semelhante de gerir o planeamento político para a orçamentação adequada da escola secundária de Purworejo.

Responsabilidade do Governo Local no Orçamento das Escolas Secundárias

A nível nacional, existe uma disparidade entre o padrão de orçamentação adequada para o liceu e o financiamento operacional da escola (BOS) em 2009. O padrão de orçamentação adequada para o ensino básico é de 710.000 rupias por aluno, enquanto o financiamento operacional da escola (BOS) é de 570.000 rupias (Departamento de Educação, 2015). A disparidade tem tido lugar na maioria dos governos locais desde há alguns anos.

A disparidade entre o padrão de orçamentação adequada para o liceu e o financiamento operacional da escola (BOS) precisa de uma sabedoria local para ultrapassar o problema. Um bom planeamento político para uma orçamentação adequada da escola secundária é uma solução sensata para o problema. A responsabilidade de um governo local é providenciar a escassez do financiamento operacional para a elaboração do orçamento do ensino secundário.

Para assumir a responsabilidade pelo financiamento da escola secundária, o governo local deve considerar: (1) fornecer financiamento operacional da escola (BOS) a partir do orçamento nacional (APBN); (2) fornecer financiamento operacional da província; (3) financiamento anterior para o liceu na regência; e (4) orçamentação adequada para o liceu. O financiamento operacional total do BOS, da província e o financiamento anterior do rengency é comparado ao orçamento adequado para o liceu de juniores. Se o total do financiamento for inferior à orçamentação adequada para a escola secundária, significa que o governo local da regência deve fornecer mais fundos para suprir a escassez do financiamento para a escola secundária.

No Pati Regency em 2015, por exemplo, o financiamento operacional da escola (BOS) a partir do orçamento nacional (APBN) para o ensino secundário é de 710.000 rupias por aluno. O financiamento operacional da escola por província é de 50.000 rupias por aluno. O financiamento para a escola primária na regência em 2015 é de 86.000 rupias por aluno. O financiamento operacional total do BOS, província e financiamento anterior do rengency é de **846.000** rupias por aluno da escola secundária júnior. Por outro lado, o orçamento adequado para o ensino secundário júnior na regência é de 871.937 rupias por aluno em 2015, pelo que a escassez de financiamento operacional é de **25.937** rupias por aluno para o ensino secundário júnior. A escassez de financiamento operacional para o ensino secundário júnior no Pati Regency é mostrada no quadro seguinte.

Tabel 6. Falta de Financiamento Operacional para a Escola Secundária em Regência de Pacientes

Ano	Financiamento operacional da Escola Secundária				Financiamento Adequado em Paciente (I = 0,903)	Falta de financiamento (Gap)
	BOS (APBN)	Província (APBD I)	Regência (APBD II)	Financiamento total		
2009	570.000	50.000	50.000	670.000	641.130	-28.870
2010	570.000	50.000	50.000	670.000	679.598	9.598
2011	570.000	50.000	64.000	684.000	718.066	34.066
2012	710.000	50.000	64.500	824.500	756.533	-67.967
2013	710.000	50.000	86.000	846.000	795.001	-50.999
2014	710.000	50.000	86.000	846.000	833.469	-12.531
2015	**710.000**	**50.000**	**86.000**	**846.000**	**871.937**	**25.937**
2016	**710.000**	**50.000**	**86.000**	**846.000**	**910.405**	**64.405**
2017	710.000	50.000	86.000	846.000	948.872	102.872
2018	710.000	50.000	86.000	846.000	987.340	141.340
2019	710.000	50.000	86.000	846.000	1.025.808	179.808

A escassez do financiamento operacional da escola secundária deveria ser assegurada pelo governo local. Em 2016, o governo local do Pati Regency deverá melhorar o financiamento operacional do ensino secundário. Quando o financiamento operacional total do BOS, província e financiamento anterior do rengency é de 846.000 rupias por aluno e o orçamento adequado para o ensino secundário júnior no regency é de 910.405 rupias por aluno, pelo que a escassez é de 64.405 rupias por aluno para o financiamento operacional do ensino secundário júnior. É da responsabilidade do governo local apoiar a aprendizagem obrigatória para o ensino básico.

CONCLUSÕES

Relevantes para a análise e discussão anteriormente apresentada, há três conclusões principais. Em primeiro lugar, o planeamento político do governo local para uma orçamentação adequada do ensino básico incorpora o índice local, a taxa de inflação e o custo básico, o valor padrão que é determinado pela lei. Em segundo lugar, a orçamentação adequada do ensino básico irá melhorar anualmente devido à inflação anual. Em terceiro lugar, diferentes governos locais podem ter diferentes orçamentação adequada do ensino básico devido a diferentes índices locais. Portanto, o planeador local para a orçamentação adequada do ensino básico deve preparar o planeamento político para uma decisão política anual na orçamentação. Outros governos locais interessados em adoptar o modelo de planeamento de políticas para uma orçamentação adequada do ensino básico devem ajustar ou adequar-se ao índice local que foi legalizado na lei (Permendiknas No 69, 2009).

AGRADECIMENTOS

Eu (Escritor) aprecio: (1) o chefe e o pessoal do gabinete de investigação e desenvolvimento, Pati Regency; (2) o chefe e o pessoal do departamento de educação, Pati Regency; e (3) outras partes que tenham ajudado a conduzir a investigação.

REFERÊNCIAS

Abbott, John. (2005). Understanding and Managing the Unknown: The Nature of Uncertainty in Planning (Compreender e Gerir o Desconhecido: A Natureza da Incerteza no Planeamento). *Journal of Planning Education and Research.* Vol 24, No 3, pp 237-251.

Diamond, J. dan Khemam, P. (2006). *Introdução de sistemas de informação de gestão financeira nos países em desenvolvimento.* Revista sobre Orçamentação. Paris: OCDE.

Hanushek, E. dan Kimko, D. (2000). Escola, Qualidade da Força de Trabalho e o Crescimento das Nações. *The American Economic Review* Vol 90, No 5, ppll 84-1208.

Kattan, Raja Bentaouet. (2006). *Implementação deFree Basic Education Policy.* Washington: O Banco Mundial.

Kiprono, FJ, Mary Nganga e a Dra. Joyce Kanyiri. (2015). Uma Avaliação da Capacidade dos Comités de Gestão Escolar na Implementação de Fundos FPE nas Escolas Primárias Públicas: Um Levantamento do Distrito Oriental de Eldoret, Quénia. *International Journal of Education and Research Vol. 3 No.p.243.*

Nugroho, Riant. (2006). *Kebijakan Publik Untuk Negara-Negara Berkembang.* Jakarta: Gramedia.

Peraturan Pemermtah. (2008). *Peraturan Pemenntah Nomor 47 Tahun 2008 tentang Wajib Belajar.* Lembaran Negara Tahun 2008 No. 90. Jakarta: Kemenkum dan HAM.

Permendiknas. (2009). *Peraturan Menleri Pendidikan Nasional Nomor 69 Tahun 2009 tentang Standar Biaya Operasi Nonpersonalia Tahun 2009 untuk Sekolah Dasar /Madrasah Ibtidaiyah (SD/MI), Sekolah Menengah Pertama/ Madrasah Tsanawiyah (SMP/MTs), Sekolah Menengah Atas/Madrasah Aliyah (SMA/MA), Sekolah Menengah Kejuruan (SMK), Sekolah Dasar Luar Biasa (SDLB), Sekolah Menengah Pertama Luar Biasa (SMPLB) dan Sekolah Menengah Atas Luar Biasa (SMALB).* Jacarta: Biro Hukum dan Organisasi Departemen Pendidikan Nasional.

Reschovsky, Andrew. (2009). *Measuring the Costs of Providing a Basic Education to All Learners: Lições da Literatura Internacional.* Um Relatório Preparado para a Comissão Financeira e Fiscal. República da África do Sul.

Rice, Jennifer King e Amy Ellen Schwartz. (2008). Rumo a um Entendimento da Produtividade na Educação. Editado por H. Ladd e E. Fiske, *Handbook of Research in Education Finance and Policy,* pp. 131-145.

ONU. (2013). *Uma Nova Parceria Global: Erradicar a Pobreza e Transformar as Economias através do Desenvolvimento Sustentável.* O Relatório do Painel de Alto Nível de Pessoas Eminentes sobre a Agenda de Desenvolvimento Pós 2015. Nova Iorque: Nações Unidas.

UNESCO. (2008). *TrainingmatenalsATP 2007/2008 -Educationbudgeting.* Documento de trabalho. Paris: UNESCO-IIEP.

UNESCO. (2009). *Orçamentação da educação no Bangladesh, Nepal e Sri Lanka.* Paris: Instituto Internacional de Planeamento Educacional, UNESCO.

UNESCO. (2012). *Desanexar a Ajuda nos Orçamentos Nacionais da Educação.* EFA Global Monitoring Report Background Paper. Paris: UNESCO.

UNESCO. (2013). *Escolarização de Milhões de Crianças Jeopardizadas por Reduções na Ajuda.* Global Monitoring Report Policy Paper 9. Paris: UNESCO.

UNESCO. (2014). Estratégia de Educação 2014-2021. Paris: UNESCO

UU. (2003). *Undang-Undang Nomor 20 Tahun 2003 tentang Sistem Pendidikan Nasional.* Jacarta: Dokumen Negara.

Vegas, et al. 2011. *SABER- Finanças: Objectivos e Abordagem Conceptual.* Washington DC: Banco Mundial.

O PLANEAMENTO POLÍTICO NO FORNECIMENTO DE PROFESSORES ADEQUADOS PARA AS ESCOLAS PRIMÁRIAS DO GOVERNO LOCAL

SUROSO[2]

The Board of Regional Development Planning

Patiegency, Central Java, Indonésia

Email : surosopati321@gmail.com

ABSTRACT

Professores adequados da escola primária são muito importantes para apoiar a educação para todos. O objectivo da investigação é analisar e desenvolver um plano para uma política pública de professores adequados para as escolas primárias estatais. Esta investigação utiliza uma abordagem descritiva-quantitativa. Os dados da investigação consistem em dados primários e secundários. A recolha de dados é conduzida através de observação e entrevista. A análise dos dados utiliza uma abordagem descritiva. Há seis resultados principais na investigação. Em primeiro lugar, existem dois modelos de análise de professores adequados de escolas primárias, nomeadamente, aulas adequadas com base em professores e professores adequados com base em alunos. Em segundo lugar, os professores adequados com base nas aulas do Pati Regency são carentes de 726 professores. Em terceiro lugar, os professores adequados baseados nos alunos do Pati Regency são 564 professores em excesso. Em quarto lugar, a análise comparativa entre professores adequados com base nas aulas e professores adequados com base nos alunos tem uma disparidade significativa em que o valor de contagem do quadrado Chi (X^2) 174,91 é superior ao valor de tabela do quadrado Chi (X^2) 3,841. Em quinto lugar, o modelo de política de planeamento de professores adequados com base na classe pode ser adoptado por outros governos locais, incorporando dois factores: escolas totais (S) e classe total (C) e utilizando uma fórmula nC + 2S. Em sexto lugar, o modelo de política de planeamento de professores adequados com base nos alunos pode ser adoptado por outros governos locais, incorporando o valor total de alunos (m) e o valor do rácio alunos/professor (21:1) e utilizando uma fórmula m/21. Portanto, o planeador deve realizar as análises de planeamento de políticas para professores adequados de escolas primárias estatais no governo local, utilizando duas análises de perspectiva simultanemente. Estas análises são simultanemente importantes para assegurar professores adequados e gerir uma distribuição eficaz e eficiente dos professores.

□ **palavras-chave:** *professor adequado, planeamento de políticas e escola primária*

ABSTRAQ

Kecukupan guru sekolah dasar sangat pentating untuk mendukung pendidikan bagi semua. Tujuan penelitian ini adalah untuk menganalisa dan mengembangkan modelo perencanaan bagi kebijakan kecukupan guru sekolah dasar negeri. Penelitian ini menggunakan pendekatan pendekatan deskriptif- kuantitatif. Data penelitian meliputi data primer dan data skunder. Pengumpulan data dilakukan dengan teknik observasi dan wawancara. A Teknik analisa os dados de análise de dados em formato deskriptif. Ada 6 temuan utama dalam penelitian ini. Pertama, ada 2 modelo untuk analisa kecukupan guru sekolah dasar yaitu kecukupan guru berbasis rombel dan kecukupan guru berbasis siswa. Kedua, kecukupan guru berbasis kelas/rombel di Kabupaten Pati masih kekurangan guru 726 orang. Ketiga, kecukupan guru berbasis murid di Kabupaten Pati sudah tercukupi dengan kelebihan 564 guru. Keempat, analisis komparatif antara kecukupan guru berbasis kelas/rombel dan kecukupan guru berbasis murid memiliki disparitas yang signifikan, nilai hitung Chi square (X^2) 174,91 lebih besar dari nilai tabel Chi square (X^2) 3,841. Kelima, modelo kebijakan perencanaan kecukupan guru berbasis rombel dapat diadopsi oleh pemerintah daerah lain dengan mengakomodasi 2 faktor: jumlah sekolah (S) dan jumlah rombel/kelas (C) dan menggunakan rumus nC + 2S. Keenam, modelo kebijakan perencanaan kecukupan guru berbasis murid dapat diadopsi oleh pemerintah daerah lain dengan mengakomodasi faktor jumlah murid (m) dan nilai ratio murid terhadap guru (21:1) dan menggunakan rumus m/21. Oleh karena itu, perencana sebaiknya melaksanakan analisa kebijakan perercanaan untuk kecukupan guru sekolah dasar negeri di daerah dengan menggunakan 2 perspektif analisis tersebut secara simultan. Analisisisis itu secara simultan

---

[2] Investigador no The Board of Regional Development Planning, Pati Regency

penting untuk menjamin kecukupan guru dan pengelolaan efektivitas dan efisiensi distribusi guru.

Kata Kunci: *guru kecukupan, perencanaan kebijakan dan sekolah dasar*

INTRODUÇÃO

Desde que o quadro da Educação para Todos (EPT) foi estabelecido em 2000, os países têm feito progressos em direcção aos objectivos. Contudo, demasiados estarão ainda longe do objectivo (UNESCO, 2014). Em relação ao progresso Kiprono (2015), declarou que a Educação para Todos (EPT), e os Objectivos de Desenvolvimento do Milénio (ODMs), avançaram com esforços significativos, principalmente através da redução dos custos directos para os pais, para aumentar as matrículas na escola primária. Contudo, análises recentes mostram que os esforços para proporcionar o acesso a uma educação básica para todas as crianças e jovens estão em perigo. A nível mundial, há ainda 57 milhões de crianças fora da escola primária, em grande parte de populações marginalizadas como os rapazes, mas especialmente as raparigas que são afectadas por conflitos armados, pobreza extrema e deficiência (UNESCO 2013). A nível mundial, 200 milhões de crianças não completaram a escola primária, e muitas que iniciam a escola partem cedo, tanto devido à má qualidade da educação como também devido a factores domésticos como a pobreza (UNESCO, 2012).

A Educação para Todos (EPT) torna-se o desenvolvimento prioritário a nível mundial. Existem seis objectivos de Educação para Todos (EPT): (1) expandir e melhorar os cuidados e a educação abrangente na primeira infância, especialmente para as crianças mais vulneráveis e desfavorecidas; (2) assegurar que até 2015 todas as crianças, particularmente as raparigas, crianças em circunstâncias difíceis e as pertencentes a minorias étnicas, tenham acesso e completem o ensino primário gratuito e obrigatório de boa qualidade; (3) assegurar que as necessidades de aprendizagem de todos os jovens e adultos sejam satisfeitas através do acesso equitativo a programas de aprendizagem e de competências para a vida adequados; (4) alcançar uma melhoria de 50% nos níveis de alfabetização de adultos até 2015, especialmente das mulheres, e um acesso equitativo ao ensino básico e contínuo para todos os adultos; (5) eliminar as disparidades de género no ensino primário e secundário até 2005, e alcançar a igualdade de género no ensino até 2015, com ênfase na garantia de acesso pleno e igualitário das raparigas ao ensino básico de boa qualidade, bem como na sua consecução; e (6) melhorar todos os aspectos da qualidade da educação e assegurar a excelência de todos, de modo a que os resultados de aprendizagem reconhecidos e mensuráveis sejam alcançados por todos, especialmente na alfabetização, numeracia e competências essenciais para a vida (UNESCO, 2014).

O Global Monitoring Report 2008 conduzido pela Education International (EI), a Federação da União Global que representa 30 milhões de professores e pessoal da educação desde o pré-escolar até à universidade em 171 países e territórios declarou que existem três desafios principais em relação à qualidade educacional da Educação para Todos (EI, 2009). Em primeiro lugar, os resultados da aprendizagem devem ser monitorizados. Apesar das fraquezas dos testes comparativos de resultados, estes são amplamente utilizados como um indicador do que e quanto os estudantes realmente aprendem na escola. A nível internacional, as principais avaliações mostram baixos resultados de aprendizagem em grande parte do mundo, especialmente nos países em desenvolvimento. As desigualdades são encontradas entre e dentro dos países. Enquanto no mundo desenvolvido as disparidades de aprendizagem parecem ser atribuíveis ao contexto socioeconómico dos alunos e ao seu estatuto de imigrante, nos países em desenvolvimento as fortes disparidades favorecem as escolas urbanas em detrimento das rurais. São necessárias estratégias eficazes para avaliar os conhecimentos e competências e demonstrar resultados de aprendizagem mensuráveis.

Em segundo lugar, os ambientes de aprendizagem devem ser melhorados. O acesso aos recursos de aprendizagem, em primeiro lugar e acima de tudo aos manuais escolares, é um factor chave. A relação aluno/livros didácticos é uma medida significativa da qualidade da educação. O inquérito do Consórcio da África Austral e Oriental para a Monitorização da Qualidade Educacional (SACMEQ) revelou que mais de metade dos alunos da 6ª classe em muitos países africanos relataram aprendizagem em salas de aula que não tinham um único livro. A retenção e a aprendizagem são também dificultadas quando os alunos frequentam a escola em edifícios dilapidados ou sobrelotados, em ambientes ruidosos ou inseguros, ou, especialmente, em salas de aula que são inadequadamente fornecidas ou mal iluminadas e ventiladas. Nos países do SACMEQ, 47% dos edifícios escolares foram declarados como necessitando de grandes reparações ou reconstrução completa; apenas 13% foram listados em 'bom' estado. O acesso à tecnologia é outro aspecto crítico; embora continue inacessível à maioria das crianças nos países que mais lutam para alcançar os objectivos da EPT, no mundo desenvolvido a recente expansão das TIC facilitou a aplicação crescente de vários modelos de educação à distância e inovações pedagógicas.

Em terceiro lugar, atrair mais e melhores professores é primordial. A falta de professores é um grande problema, particularmente no mundo em desenvolvimento, onde os rácios alunos/professores formados (PTR) podem atingir 40:1 ou mais (a média para a América do Norte e Europa Ocidental é de 15:1). No mundo em desenvolvimento, esta escassez é exacerbada por uma escassez ainda mais aguda de professores com formação adequada. Foram encontrados RAPs excessivamente elevados (acima de 100:1) no Afeganistão, Chade, Madagáscar, Moçambique e Nepal, e elevados (acima de 40:1) na África Subsaariana.

Para ter sucesso na Educação para Todos (EPT), há alguns factores importantes necessários e um deles é um professor adequado. Tratando da implementação da Educação para Todos (EPT), o resultado da monitorização global conduzida pela UNESCO em 2012 mostra que a Educação O Índice de Desenvolvimento (EDI) na Indonésia está à taxa de 64 de 120 países (Handini,2016). Isto significa que os factores determinantes para a qualidade da educação não são bem fornecidos. Um dos factores determinantes importantes para a qualidade da educação é um professor adequado.

De acordo com Syamsuri (2010:3), os professores têm papéis importantes no aumento da produção da aprendizagem e da qualidade da educação. Neste caso, um professor deve ter competência paedagogik porque está relacionado com um processo de aprendizagem (Suparlan, 2006: 86). Além disso, o professor profissional deve ter uma educação qualificada e uma competência científica relevante keilmuan (Widiarsa, 2013: 6). Relativamente à competência do professor, a UNESCO propôs que existem alguns pontos importantes para aumentar a competência do professor, incluindo a actualização e a sertificação (Hamzah, 2009)

Para gerir os professores na Indonésia, existe um regulamento, decisão conjunta de cinco ministérios (SKB, 2011). É a decisão conjunta do Ministério da Educação, Ministério Estatal para o Empoderamento dos Aparatadores do Estado e Reforma da Burocracia, Ministério dos Assuntos Internos, Ministério das Finanças e Ministério dos Assuntos Religiosos Número : 05/x/pb/2011, spb/03/m.pan- rb/10/2011, 48 tahun 2011, 158/pmk.01/2011, 11 tahun 2011 sobre Gestão e Equidade para Professores Funcionários Públicos. O objectivo deste estudo é analisar e desenvolver um plano para uma política pública dos professores adequados para as escolas primárias (Kemdiknas, 2011). A decisão conjunta de cinco ministérios (SKB) foi formulada para apoiar regulamentos anteriores, tais como a lei sobre o sistema de educação nacional (UU 20, 2003) e a regulamentação governamental sobre a aprendizagem obrigatória (PP 47, 2008). O objectivo da investigação é analisar e desenvolver um plano para uma política pública de professores adequados para as escolas primárias estatais.

A Política Pública na Gestão de Professores para Escolas Primárias

A "política pública" que se aplica a Nugroho (2006), é tudo o que é feito pelos governos respeitando a razão pela qual o fazem e o que tem impacto para uma vida melhor. Para implementar a política pública de educação básica é necessário professores adequados, especialmente para as escolas estatais de educação básica. Então "Professor" é um educador profissional que educa, ensina, orienta, dirige, treina, e avalia os alunos na educação formal pré-escolar, educação básica e educação média (UU 14/2005).

Lidando especialmente com a gestão de professores, professores funcionários públicos das escolas primárias, a decisão conjunta de cinco ministérios (SKB,2011) declara que (1) a escola primária (SD) utiliza professores baseados na classe; (2) cada classe é composta por 20-32 alunos; (3) cada classe necessita de 1 professor da classe; (4) cada escola primária fornece professor de religião e professor de educação física e

18

saúde (professor de desporto); e (5) O professor de religião e professor de educação física e saúde deve ensinar pelo menos 24 horas por semana (Kemdiknas, 2011).

O Regulamento Normativo dos Professores Adequados para o Ensino Primário

Com base na decisão conjunta de cinco ministérios (SKB, 2011) existem alguns critérios e fórmulas para satisfazer a necessidade de professores para a escola primária. Com base no regulamento, o governo local deve fazer um plano para fornecer professores adequados para a escola primária, relevantes para determinadas fórmulas. Em primeiro lugar, é a fórmula para calcular a necessidade de professores de turma para a escola primária ou escola primária. A necessidade de professor de turma é igual ao total da turma. Em segundo lugar, é a fórmula para calcular a necessidade de professor de religião e professor de educação física e saúde (professor-desportivo) para a escola primária ou escola primária. A necessidade de professor é igual ao total de horas de ensino por semana dividido por 24 horas de ensino para um professor. As horas de ensino por semana, nomeadamente 24 horas para um professor, são relevantes para o padrão do processo (Permendiknas 41, 2007) e a carga horária de trabalho dos professores (Permendiknas 39, 2009).

O MÉTODO DE INVESTIGAÇÃO

Esta investigação é realizada em Pati Regency, Central Java, Indonésia. A investigação utiliza uma abordagem descritiva-quantitativa. Os dados da investigação consistem em dados primários e secundários. A recolha de dados é conduzida através de observação e entrevista. Os recursos de dados consistem em documentos, eventos de campo e recursos pessoais. As análises de dados consistem em análise descritiva e comparativa.

□The need standard of class□eachers (S□B□□□□□□

$$KGK = \Sigma K \times 1 \text{ teacher}$$

KGK = need of class-teacher
K = class

□The standard need of religion and sport□eacher (S□B□□□□□□

$$KGAP = \frac{JTM}{24} = \sum_{i=1}^{7} \left(MP_i \times \sum K_i \right)$$

KGAP = need of religion teacher and teacher of physical education and health
JTM = total teaching hours a week
MP = lesson hours a week (religion/ physical education and health)
ΣK = total class

□ Analysis of ade□uate teachers based classes for primary schools

$$ATc = nC + 2.S$$

ATc = adequate teachers based on class
nC= total class
2.S= twice of total primary schools

□ Analysis of ade□uate teachers based students for primary schools

$$ATm = m / rm$$

ATc = adequate teachers based on students
m= total student
rm= ratio value of students to teacher (21:1)

□ Comparative analysis of ade□uate teachers for primary school

$$X^2 = \sum (Fo\text{-}Fh)^2 / Fh$$

X^2 = value of chi square
Fo = observed value
Fh = expected value

OS RESULTADOS E A DISCUSSÃO

A Análise Professores Adequados com Base em Aulas para Escolas Primárias

Anteriormente mencionado na decisão conjunta de cinco ministérios (SKB,2011) que a necessidade de professores para as escolas primárias (SD) tem os seguintes critérios: (1) a escola primária (SD) utiliza professores por turma; (2) cada turma é composta por 20-32 alunos; (3) cada turma necessita de 1 professor por turma; (4) cada escola primária fornece professor de religião e professor de educação física e saúde (professor de desporto); e (5) o professor de religião e professor de educação física e saúde deve ensinar pelo menos 24 horas por semana.

Com base nos critérios, o padrão de professores adequados para o ensino primário (SD) pode ser analisado e calculado. O padrão da escola primária (SD) tem 6 turmas. Cada turma precisa de 1 professor de turma e a escola precisa de mais 2 professores, nomeadamente professor de religião e professor de educação física e saúde (professor de desporto), pelo que o número de professores adequados para uma escola primária (SD) com 6 turmas é de 8 a 9 professores. A escola pode precisar apenas de 8 professores quando o professor de religião é apenas uma pessoa. Isto significa que os alunos têm uma religião relativamente semelhante. Caso contrário, quando a religião dos estudantes varia, a necessidade de professor pode tornar-se em 2 pessoas, pelo que o professor de escola primária (SD) com 6 turmas é de 9 professores. O padrão de professores adequados com base na turma para a escola primária (SD) com 6 turmas é o seguinte:

Turma da escola primária	Professor existente	Significado	Categoria
6 Classe (Rombel)	T > 10 pessoas	Excessivo	A
6 Classe (Rombel)	8-9 pessoas	Adequado	B
6 Classe (Rombel)	T < 7 pessoas	Escassez	C

O padrão de professores adequados com base na classe para a escola primária (SD) pode ser reformulado da seguinte forma:

$$ATc = nC + 2.S \quad ATc = \text{professores adequados com base na turma}$$
$$nC = \text{turma total}$$

2.S= duas vezes do total das escolas primárias

Pati Regency por exemplo, tem 649 escolas primárias estatais (SDN), 4.104 aulas (rombel) e 4.676 professores (PNS). Quando os professores adequados com base na aula utilizam a fórmula acima, a necessidade do professor é 4,104 + (2 x 649) = 5,402. Os professores adequados com base na aula em Pati Regency são 5.402 professores. Os professores existentes são 4.676 pessoas e a necessidade ou professores adequados são 5.402 pessoas, pelo que a falta de professores é de -726 pessoas. Os professores existentes e os professores adequados para as escolas primárias em Pati Regency são descritos na tabela seguinte.

Tabel 1. Professores Adequados Baseados em Aulas para Escolas Primárias em Regência de Pacientes

Não	Distritos (UPT Disdik)	Escolas (SDN)	Professores (PNS)	Aulas (Rombel)	Necessidade do professor (Atc)		Categoria.
					nC + 2.S	Estado	
1	Sukolilo	39	294	256	334	escassez -40	
2	Kayen	39	253	234	312	escassez -59	
3	Tambakromo	32	265	204	268	escassez	-3
4	Winong	40	307	240	320	escassez -13	
5	Pucakwangi	27	177	163	217	escassez -40	
6	Jaken	26	153	163	215	escassez -62	
7	Batangan	23	153	145	191	escassez -38	
8	Juwana	40	321	301	381	escassez -60	
9	Jakenan	27	196	163	217	escassez -21	
10	Paciente	51	403	327	429	escassez -26	
11	Gabus	36	256	228	300	escassez -44	
12	Margorejo	29	217	191	249	escassez -32	
13	Gembong	23	170	136	182	escassez -12	
14	Tlogowungu	30	194	174	234	escassez -40	
15	Wedarijaksa	27	176	176	230	escassez -54	
16	Trangkil	28	188	173	229	escassez -41	
17	Margoyoso	30	190	197	257	escassez -67	
18	Gunungwungkal	21	150	123	165	escassez -15	
19	Cluwak	28	244	169	225	excessivo 19	
20	Tayu	28	203	179	235	escassez -32	
21	Dukuhseti	25	166	162	212	escassez -46	
	Kabupaten		649	4.676	4.104	5.402	escassez -726

A maior parte dos destricts têm falta de professores para as escolas primárias, excepto um, o Distrito de Cluwak tem professores em excesso para as escolas primárias (19 professores). A falta de professores com base na classe para as escolas primárias é de 726 pessoas no Pati Regency. No entanto, o planeamento de políticas deveria ter mais análises, tais como a análise dos professores adequados com base nos alunos.

A Análise Professores Adequados Baseados em Alunos para Escolas Primárias

O planeamento de políticas no fornecimento de professores adequados à escola primária deve considerar mais viabilidade em termos de eficácia e eficiência. De facto, algumas escolas primárias têm menos alunos (abaixo do padrão) na área de estudo. Um exemplo, o SDN Prawoto 03 no Distrito de Sukolilo tem 6 turmas e 53 alunos, pelo que a média das turmas é de apenas 8 ou 9 alunos. Mesmo, a SDN Bremi 03 no Distrito de Gembong tem apenas 31 alunos em 5 turmas, pelo que a turma média é de apenas 6 alunos. As turmas com menos alunos podem ser problemas de eficácia e eficiência para a gestão de professores. É por isso que o planeamento de políticas deveria ter mais análises, tais como a análise dos professores adequados com base no aluno. É útil para melhorar a eficácia e eficiência na gestão de professores.

A análise de professores adequados com base nos estudantes deve também ser relevante para a decisão conjunta de cinco ministérios (SKB,2011). Afirma que cada turma é composta por 20 a 32 alunos. A turma padrão de uma escola primária tem 6 turmas, pelo que o mínimo de alunos é de 120 alunos e o máximo de alunos é de 192. Os professores adequados são de 8 a 9 pessoas (ver descrição anterior). Com base nos veludos, a proporção mínima de aluno-professor é de 15: 1 derivando de 120/8 e a proporção máxima de aluno-professor é de 21: 1 derivando de 192/9. Por conseguinte, os critérios para professores adequados com base nos alunos são os seguintes:

Norma	Nominal	Estudantes (M)		Professor(G)		Rácio
		min	max	min	max	M : G
Aulas (Rombel)	6					
Classe min/rombel	20	120		8		15
Max Class/rombel	32		192		9	21
Critérios de avaliação do professor adequado						
Rmbel SD Standar	Razão M : G	Estado	Categoria			
6 Kelas/rombel	R < 14	Excessivo	A			
6 Kelas/rombel	15-21	Adequado	B			
6 Kelas/rombel	R > 22	Escassez	C			

Em relação aos professores adequados baseados em alunos, Pati Regency, tem 649 escolas primárias estatais (SDN), 4.676 professores (PNS) e 86.356 alunos. Quando os professores adequados baseados em estudantes, a necessidade de professores torna-se 86.356 / 21 = 4112. Os professores adequados com base no aluno no Pati Regency são 4.112 professores. Os professores existentes são 4.676 pessoas e os professores adequados são 4.112 pessoas, pelo que os professores em excesso são 564 pessoas.

O Distrito de Sukolilo, por exemplo, tem 39 escolas primárias estatais (SDN), 294 professores (PNS) e 5.832 estudantes. Quando os professores adequados baseados no aluno, a necessidade de professores torna-se 5.832 / 21 = 278. Os professores adequados com base nos alunos do distrito são 278 professores. Os professores existentes são 294 pessoas e os professores adequados são 278 pessoas, pelo que os professores em excesso são 16 pessoas. No contexto de professores adequados baseados em estudantes, a maioria dos distritos no Pati Regency tem professores em excesso. Os professores existentes e os professores adequados baseados em alunos para as escolas primárias estão representados na tabela seguinte.

Tabel 2. Professores Adequados Baseados em Alunos para Escolas Primárias em Regência de Pacientes

Não	Distrito (UPT Disdik)	escolas (SDN)	Professores PNS (G)	Estudantes (m)	Necessidade do professor (m / 21)	Estado	Categoria
1	Sukolilo	39	294	5.832	278	Excessivo	16
2	Kayen	39	253	4.944	235	Excessivo	18
3	Tambakromo	32	265	4.328	206	Excessivo	59
4	Winong	40	307	4.334	206	Excessivo	101
5	Pucakwangi	27	177	2.652	126	Excessivo	51
6	Jaken	26	153	3.171	151	Adequado	2
7	Batangan	23	153	2.927	139	Excessivo	14
8	Juwana	40	321	7.606	362	Escassez	-41
9	Jakenan	27	196	3.110	148	Excessivo	48
10	Paciente	51	403	8.874	423	Escassez	-20
11	Gabus	36	256	4.804	229	Excessivo	27
12	Margorejo	29	217	4.303	205	Excessivo	12
13	Gembong	23	170	2.381	113	Excessivo	57
14	Tlogowungu	30	194	2.917	139	Excessivo	55
15	Wedarijaksa	27	176	4.673	223	Escassez	-47
16	Trangkil	28	188	4.628	220	Escassez	-32
17	Margoyoso	30	190	4.156	198	Escassez	-8
18	Gunungwungkal	21	150	1.821	87	Excessivo	63
19	Cluwak	28	244	2.372	113	Excessivo	131
20	Tayu	28	203	3.724	177	Excessivo	26
21	Dukuhseti	25	166	2.799	133	Excessivo	33
	Kabupaten	649	□mu	86.356	□mu	Excessivo	564

A maioria dos distritos em Regência de Doentes tem professores excessivos. Apenas alguns distritos têm professores em falta. Esta constatação mostra que as aulas (rombel) da escola primária estão, em geral, abaixo do padrão (menos de 28 alunos). As necessidades entre professores adequados com base na classe e professores adequados com base no aluno para a escola primária são significativamente diferentes se as necessidades forem comparadas.

As Análises Comparativas de Professores Adequados para Escolas Primárias

Pati Regency tem 649 escolas primárias estatais (SDN), 4.104 turmas (rombel), 4.676 professores (PNS) e 86.356 estudantes em 2015. Os professores adequados com base na classe para a escola primária são 5.402 pessoas, pelo que a falta de professores com base na classe para as escolas primárias é de 726 pessoas. Por outro lado, os professores adequados com base no aluno para o ensino primário são 4.112 pessoas, pelo que o número excessivo de professores é de 564 pessoas. Os diferentes

necessidades entre professores adequados com base em classe e professores adequados com base em alunos para A escola primária tem 1.290 professores. Os valores podem ser dispostos na seguinte matriz

A necessidade de professor para a escola primária	Valores Analisados	Valores esperados
professores adequados com base na aula	5.402	4757
professores adequados com base no aluno	4.112	4757
Total	9.514	9.514

Com base nos valores acima, o quadrado Chi (X^2) pode ser contado utilizando a seguinte matriz.

A necessidade de professor	Fo	Fh	Fo -Fh	$(Fo - Fh)^2$	$((Fo - Fh)^2)$ /Fh
professores com base na aula	5.402	4757	645	416.025	87,46
professores com base no aluno	4.112	4757	-645	416.025	87,46
Total	9.514	9.514			174,91

Os valores do quadrado Chi (X^2) são 174,91. Por outro lado, o valor de tabela do quadrado Chi (X^2) para dk 1 (2 categoria - 1) e erro significativo 5 % é de 3,841. O valor de contagem do quadrado Chi (X^2) 174,91 é mais do que o valor de tabela do quadrado Chi (X^2), 3,841. Isto significa que existe uma disparidade significativa entre professores adequados com base na classe e professores adequados com base no aluno para a escola primária. Significa que as turmas (rombel) das escolas primárias estão, em geral, abaixo do padrão (menos de 28 alunos). Por conseguinte, a política prática de providenciar professores adequados deve considerar as turmas e alunos existentes para melhorar a eficácia e eficiência da distribuição de professores.

A Política Pública na Gestão da Distribuição para Professores Adequados

A política pública na gestão da distribuição para professores adequados deve considerar as turmas e alunos existentes. Isto é muito importante para assegurar professores adequados e gerir a distribuição eficaz e eficiente de professores adequados. Algumas escolas primárias estatais podem ter falta de professores (C) na perspectiva de professores adequados com base na classe e ao mesmo tempo as escolas podem ter professores exessivos (A) com base nos alunos. Isto significa que o número total de alunos está abaixo do padrão (menos de 28 alunos por turma). Este é um fenómeno comum a algumas escolas na área de estudo.

Anteriormente mencionado que o Pati Regency tem 649 escolas primárias estatais (SDN), 4.104 classes (rombel), 4.676 professores (PNS) e 86.356 estudantes. Os professores adequados com base na classe para a escola primária são 5.402 pessoas, pelo que a falta de professores com base na classe para as escolas primárias é de 726 pessoas. Por outro lado, os professores adequados com base no aluno para o ensino primário são 4.112 pessoas, pelo que o número excessivo de professores é de 564 pessoas. Isto indica que muitas escolas têm alunos abaixo do padrão (menos de 28 alunos por turma).

Na prática, quando a escola primária Y, por exemplo, tem professores existentes menos do que a necessidade de professores baseados na classe, significa que os professores existentes na escola primária Y são escassos (C). Ao mesmo tempo, quando a escola primária Y tem menos professores do que a necessidade de professores com base no aluno, significa que os professores existentes na escola primária Y são carência (C). Se a escola primária Y tem classes como padrão normativo (6 classes), esta escola deve ser acrescentada com um novo / novo(s) professor(es). Caso contrário, a escola primária Y tem turmas mais do que o padrão normativo (7 turmas ou mais), esta escola deve ser controlada anualmente na matrícula de novos alunos. A política pública para professores adequados deve ser conduzida cuidadosamente para assegurar professores adequados e gerir uma distribuição eficaz e eficiente dos professores. Em geral, a política pública de gestão da distribuição para professores adequados é apresentada no quadro seguinte.

Tabel 3. A Política Pública na Gestão da Distribuição para Professores Adequados

Não	Professores Existentes Por Escola		Classes/rombel (Padrão R)	Prioridade política dos professores (Empregados na escola)
	Com base na Classe	Com base no estudante		
1)	C (escassez)	C (escassez)	R = 6	Primeira prioridade para adicionar professores
2)	C (escassez)	C (escassez)	R > 6	Controlo na matrícula como padrão
3)	C (escassez)	B (adequado)	R = 6	Segunda prioridade para adicionar professores
4)	C (escassez)	A (exessivo)	R < 6	Fusão entre as escolas
5)	B (adequado)	A /B/C	R < 6	Controlo para sustentar as escolas
6)	A (exessivo)	A (exessivo)	R > 6	Primeira prioridade para a redução de professores
7)	A (exessivo)	B (adequado)	R > 6	Segunda prioridade para a redução de professores
8)	A (exessivo)	C (escassez)	R > 6	Terceira prioridade para a redução de professores

A Adopção do Modelo Político no Planeamento da Distribuição de Professores Adequados

O modelo de planeamento político para professores adequados de escolas primárias pode ser adoptado por outros governos locais. A análise de professores adequados com base nas classes existentes (rombel) deve incorporar dois factores básicos, nomeadamente: escolas totais (S), especialmente escolas primárias estatais (SDN) e classes totais/rombel (C). O proxi para professores adequados de escolas primárias pode ser calculado utilizando a fórmula nC (total de turmas referindo um professor de turma um, depois acrescentou 2,S (referindo cada escola primária precisa de 1 professor de religião e 1 professor de educação desportiva). Os governos locais podem adoptar o modelo do planeamento político para um professor adequado da escola primária para o seu próprio governo local.

O governo local de Pati Regency, por exemplo, tem 649 escolas primárias estaduais (s) e o total de grupos de aprendizagem constituídos por 4,104 classes (nC), pelo que os professores adequados das escolas primárias do governo local são 4,104 + (2 x649) = 5,402 professores. Outras autarquias locais, a Regência A tem 650 escolas primárias (s) estatais e o total de grupos de aprendizagem constituídos por 4.200 turmas (nC), pelo que os professores adequados das escolas primárias da autarquia local A são 4.200 + (2 x 650)= 5.500 professores. As outras autarquias locais, Asumption Regency B tem 350 escolas primárias estaduais (s) e o total de grupos de aprendizagem constituídos por 2.500 turmas (nC), pelo que os professores adequados das escolas primárias do governo local B são 2.500 + (2 x 350)= 3.200 professores. Esta é a forma de determinar o proxi para professores adequados com base na turma da escola primária/escola primária que pode ser adoptada por outras autarquias locais e é apresentada na tabela seguinte.

Tabel 4. A Adopção de Políticas de Planeamento para Professores Adequados com Base em Aulas

Não	Local Governo	Escolas estatais (s)	Classes (nC)	A Necessidade de Professores (nC + 2.S)
	Regência de			
1	Pacientes	649	4.104	4.104 + (2 x649) = 5.402
2	Regência A	650	4.200	4.200 + (2 x 650)= 5.500
3	Regência B	350	2.500	2.500 + (2x 350)= 3.200

O planeamento de políticas no fornecimento de professores adequados deve ser analisado utilizando outra perspectiva, nomeadamente professores adequados baseados em estudantes. É útil para melhorar a eficácia e eficiência na gestão dos professores. A análise de professores adequados com base nos estudantes deve ser considerada como dois factores, nomeadamente: estudantes (m) e padrão normativo do grupo de estudantes. De acordo com a decisão conjunta de cinco ministérios (SKB,2011). Afirma que uma escola primária tem 6 turmas e cada turma consiste em 20 a 32 alunos, pelo que o mínimo de alunos é de 120 alunos numa escola primária/elementar e o máximo de alunos é de 192 alunos. Os professores adequados são 8 a 9 pessoas (ver descrição anterior). Com base nos valores, o rácio mínimo de aluno-professor é de 15: 1 decorrente de 120/8 e o rácio máximo de aluno-professor é de 21: 1 decorrente de 192/9. Portanto, os professores adequados com base no aluno podem ser analisados utilizando fromula (m/21). Isto significa que cada 21 alunos precisam de 1 professor referindo a relação 21:1.

O governo local de Pati Regency, por exemplo, tem 649 escolas primárias estatais com o total de alunos 86.356 alunos (m) pelo que os professores adequados baseados nos alunos das escolas primárias do governo local são 86.356 /21 = 4.112 professores. Outras autarquias locais, a Regência A tem 650 escolas primárias estatais com o total de alunos 89.000 alunos (m), pelo que os professores adequados baseados nos alunos das escolas primárias da autarquia local A são 89.000 /21 = 4.238 professores. A outra administração local, a Regência B tem 350 escolas primárias estatais com o total de alunos 63.000 alunos (m) pelo que os professores adequados com base nos alunos das escolas primárias da administração local B são 63.000 /21 = 3.000 professores, o que é apresentado na tabela seguinte.

Tabel 5. A Adopção de Políticas de Planeamento para Professores Adequados com Base em Alunos

Não	Governo Local	Estudantes (m)	Relação aluno/professor	A necessidade de professores (m/21)
1	Regência de Pacientes	86.356	21	4.112
2	Regência A	89.000	21	4.238
3	Regência B	63.000	21	3.000

Esta é a forma de determinar o proxi para professores adequados com base no aluno do ensino básico/escola primária. Este modelo pode ser adoptado por outros governos locais na Indonésia.

CONCLUSÕES

Há seis conclusões principais neste estudo. **Em primeiro lugar, há** dois modelos elegíveis para analisar professores adequados das escolas primárias, nomeadamente: professores adequados baseados em grupos de aprendizagem (turma) e professores adequados baseados em alunos. **SegundoDos** professores adequados com base na turma do Pati Regency em que há 649 escolas primárias estatais (SDN), 4.104 turmas (rombel) e 4.676 professores (PNS) são carentes de 726 professores porque os professores adequados com base na turma são 4.104 + (2 x 649) = 5.402. Os professores existentes são 4.676 pessoas e os professores adequados com base nas aulas são 5.402 pessoas, pelo que a falta de professores é de - 726 pessoas. **Terceiro'** os professores adequados com base nos alunos do Pati Regency em que há 649 escolas primárias estatais (SDN), 4.676 professores (PNS) e 86.356 alunos são 564 professores em excesso porque as necessidades são 86.356 / 21 = 4112 professores. Os professores existentes são 4.676 pessoas e os professores adequados baseados nos alunos são 4.112 pessoas, pelo que os professores em excesso são 564 pessoas. **Em quarto lugar, a** análise **comparativa** entre professores adequados com base nas aulas e professores adequados com base nos alunos tem uma disparidade significativa em que o valor de contagem do quadrado Chi (X^2) 174,91 é superior ao valor de tabela do quadrado Chi (X^2) 3,841. **Quinto** D O modelo de planeamento de políticas para professores adequados com base na classe das escolas primárias pode ser adoptado por outros governos locais em que a adopção deve incorporar dois factores básicos, nomeadamente: escolas totais (S), especialmente escolas primárias estatais (SDN) e classe/rombel total (C) usando uma fórmula nC (total de classes), depois acrescentou 2S (referindo cada escola primária necessita de 1 professor de religião e 1 professor de educação desportiva). **O** modelo de planeamento de políticas para professores adequados com base nos alunos das escolas primárias pode ser adoptado por outros governos locais em que a adopção deve considerar o número total de alunos (m) e depois dividido por 21 (referindo o rácio alunos por professor 21:1).

O planeador local no governo local deve analisar cuidadosamente os professores adequados. o planeador deve conduzir as análises de planeamento político para professores adequados das escolas primárias estatais no governo local, utilizando duas análises de perspectiva

simultanemente. Estas análises são simultanemente importantes para assegurar professores adequados e gerir uma distribuição eficaz e eficiente dos professores.

AC □ AGORALEDGMENTS

Eu (Escritor) aprecio as partes relacionadas no Pati Regency. Em primeiro lugar, eles são o chefe e o pessoal de Bappeda que forneceu o financiamento para a realização do estudo. Em segundo lugar, eles são o chefe e o pessoal do departamento de educação que ajudou a fornecer os dados do estudo. Em terceiro lugar, eles são o chefe e o pessoal do gabinete de investigação e desenvolvimento e também outras partes que ajudaram a conduzir a investigação.

REFERÊNCIAS

EI. (2009). Educação para Todos até 2015: *Resposta da Education International ao Relatório de Monitorização Global 2008.* Bruxelas: Educação Internacional.

Hamzah, Nur. (2009). Pendidikan dan Tenaga Kependidikan. *Jurnal MEDTEK.* Volume 1, Nomor 2, Pp 1-10.

Handini, O & Widyaningrum R. 2016. Kontribusi Pedagogik dan Kompetensi Profesional Guru terhadap Manajemen Kelas. *Jurnal Profesi Pendidik.* Volime 3, Nomor 1, Pp 36-43.

Kemdiknas. (2011). *Surat Keputusan Bersama (SKB) oleh lima menteri yaitu Menteri Pendidikan Nasional, Menteri Negara Pendayagunaan Aparatur Negara dan Reformasi Birokrasi, Menteri Dalam Negeri, Menteri Keuangan, dan Menteri Agama dengan Nomor: 05/x/pb/2011,spb/03/m.pan-rb/10/2011,48 tahun2011,158/ pmk. 01/2011, 11 tahun 2011 tahun 2011 tahun 2011 tentang penataan dan pemerataan guru Pegawai Negeri Sipil.* Jakarta: Kemdiknas.

Kiprono, FJ, Mary Nganga e a Dra. Joyce Kanyiri. (2015). Uma Avaliação da Capacidade dos Comités de Gestão Escolar na Implementação de Fundos FPE nas Escolas Primárias Públicas: Um Levantamento do Distrito Oriental de Eldoret, Quénia. *International Journal of Education and Research Vol. 3 No. p.243.*

Nugroho, Riant. (2006). *Kebijakan Publik Untuk Negara-Negara Berkembang.* Jakarta: Gramedia.

Peraturan Pemerintah. (2008). *Peraturan Pemerintah Nomor 47 Tahun 2008 tentang Wajib Belajar.* Lembaran Negara Tahun 2008 No. 90. Jakarta: Kemenkum dan HAM.

Permendiknas. (2007). *Peraturan Menteri Pendidikan Nasional Nomor 41 Tahun 2007 tentang Standar Proses untuk Satuan Pendidikan Dasar dan Menengah.* Jakarta: Kemenkum dan HAM.

Permendiknas. (2009). *Peraturan Menteri Pendidikan Nasional Nomor 39 Tahun 2009 tentang Pemenuhan Beban Kerja Guru dan Pengawas Satuan Pendidikan.* Jacarta: Biro Hukum dan Organisasi, Kemdiknas.

Suparlan. (2006). *Guru Sebagai Profesi.* Yogyakarta: Editora Hikayat

Syamsuri, I. (2010). *Peningkatan Kompetensi Guru untuk Meningkatkan Minat Siswa pada Bidang MIPA.* Não publicado, Makalah dalam Lokakarya MIPAnet 26-27 Juli 2010. Bogor: IPB.

Udang-Undang. (2003). *UU Nomor 20 Tahun 2003 Tentang Sistem Pendidikan Nasional.* Jakarta:Penerbit Sinar Grafika.

Udang-Undang. (2005). *UU Nomor 14 Tahun 2005 Tentang Guru dan Dosen.* Jacarta: Menkum HAM, Lembaran Negara RI Tahun 2005 Nomor 157.

UNESCO. (2012). *Desanexar a Ajuda nos Orçamentos Nacionais da Educação.* EFA Global Monitoring Report Background Paper. Paris: UNESCO.

UNESCO. (2013). *Escolarização de Milhões de Crianças Jeopardizadas por Reduções na Ajuda.* Global Monitoring Report Policy Paper 9. Paris: UNESCO.

UNESCO. (2014). Estratégia de Educação 2014-2021. Paris: UNESCO

UNESCO. (2014). *Education for All Global Monitoring Report 2013.* Paris: a Organização das Nações Unidas para a Educação, Ciência e Cultura.

Widiarsa, I.G.P., Marhaeni, A. & Sutama, I.M. 2013. Kontribusi Kompetensi Paedagogik dan Kompetensi Profesional terhadap Manajemen Kelas. *E-journal Pasca Undiksa.* Volume 3, Nomor 1, Pp 1-11.

O PLANEAMENTO POLÍTICO NA SELECÇÃO DO LOCAL MAIS ADEQUADO PARA A ESTAÇÃO DE AUTOCARROS DE DESENVOLVIMENTO URBANO

SUROSO[3]
The Board of Regional Development Planning
Patiegency, Central Java, Indonésia
Email : surosopati321@gmail.com

ABSTRACT

A selecção do local para qualquer utilização em particular, incluindo o planeamento do desenvolvimento de estações de autocarros, requer meios adequados para lidar com os múltiplos factores. Este documento desenvolve uma estrutura para a análise da adequação do terreno que incorpora uma série de factores para encontrar a área mais adequada para o desenvolvimento de estações de autocarros. O processo de hierarquia analítica permite fornecer meios para lidar com os múltiplos factores de decisão. As preferências do decisor sobre uma gama de factores de localização são utilizadas para determinar o peso para cada factor de localização. Entretanto, a avaliação da capacidade de carga de cada área alternativa para o desenvolvimento de estações de autocarros é utilizada para determinar a prioridade da área. Os resultados são índices referentes à prioridade das áreas alternativas. Quanto maior for o índice composto da área, maior será a prioridade da área para o uso do solo pretendido. Portanto, a área com o maior índice composto deve ser seleccionada para a utilização do solo prevista para o desenvolvimento de estações de autocarros.

Palavras-chave: *Desenvolvimento de estações rodoviárias, adequação da terra e processo de hierarquia analítica*

INTRODUÇÃO

A estação de autocarros tem um papel central no sistema de transportes para apoiar a actividade urbana. A estação de autocarros existente em Pati Regency, Província de Java Central, Indonésia, tem um papel ineficaz. Precisa de se relocalizar para apoiar o crescimento urbano em Pati Regency. Existem 4 áreas alternativas que estão preparadas para a relocalização de uma estação de autocarros. Em primeiro lugar, é a área em Sukokulon, que está localizada na parte ocidental da cidade de Pati Regency. Em segundo lugar, é a área em Langenharjo, que está localizada na parte sul da cidade, Em terceiro lugar, é a área em Mustokoharjo, que está localizada na parte sudeste da cidade. Em quarto lugar, é a área em Widorokandang, que está localizada na parte oriental da cidade. Os quatro locais alternativos devem ser seleccionados para estação de autocarros, que podem apoiar de forma óptima o crescimento urbano em Pati Regency. A selecção dos locais para o desenvolvimento de estações de autocarros requer meios adequados para lidar com os múltiplos factores para a sua sustentabilidade.

O processo de decisão na selecção de locais para instalações públicas engloba a identificação, análise, avaliação e selecção entre áreas alternativas. A estação de autocarros é uma instalação típica a ser localizada na área mais adequada. A decisão de selecção do local é tomada para se encontrar o "melhor" local. A questão é qual é a melhor área para o desenvolvimento de estações de autocarros. A selecção da área mais adequada necessita de uma análise da adequação do terreno.

Este documento desenvolve uma estrutura para a análise da adequação do terreno, utilizando o processo de hierarquia analítica (AHP), que incorpora uma série de factores para encontrar a área

---

[3] Investigador no The Board of Regional Development Planning, Pati Regency

mais adequada para o planeamento do desenvolvimento de estações de autocarros na área de estudo.

REVISÃO BIBLIOGRÁFICA

Há três conceitos principais que lidam com o tema em questão. São os conceitos de desenvolvimento de estações de autocarros, análise de adequação de terrenos e processo de hierarquia analítica (AHP).

Desenvolvimento de estações de autocarros

Uma estação de autocarros é uma instalação de transporte terrestre para a carga e descarga de passageiros, que transita entre modos de transporte e intra-transporte, também para a gestão de chegadas e partidas de transportes públicos. A selecção do local da estação de autocarros incorpora normalmente a adequação à terra e ideias das partes interessadas. O planeamento do desenvolvimento de uma estação de autocarros é um processo cooperativo concebido para fomentar o envolvimento das partes interessadas, tais como o Departamento de Transportes do Estado, a comunidade empresarial, grupos comunitários, organizações ambientais, e os utilizadores de transportes públicos.

A selecção do local da estação de autocarros orientada para o desenvolvimento sustentável deve incorporar aspectos económicos, sociais e ambientais. Desenvolvimento sustentável é o desenvolvimento que presta serviços básicos ambientais, económicos e sociais a todos sem ameaçar a viabilidade dos sistemas dos quais estes serviços dependem [1]. A selecção do local mais adequado para uma estação de autocarros através do reforço do desenvolvimento sustentável é muito importante para o planeamento do desenvolvimento urbano.

A selecção de uma área para o desenvolvimento de uma estação de autocarros é determinada pelo público

sistema de serviços na cidade. Existem dois modelos de desenvolvimento de estações de autocarros. Eles

são (a) modelo próximo da terminação lateral e (b) modelo central da terminação [2]. Modelo próximo da terminação lateral é o modelo através do desenvolvimento de um número de estações de autocarros perto da cidade. Os autocarros trans-província e os autocarros transregionais são terminados na estação de autocarros perto da cidade. Depois, o transporte do interior da cidade é servido por mini-bus. Por outro lado, o modelo de terminal central está a desenvolver uma estação de autocarros integrada no centro da cidade. Os dois modelos de estação de autocarros (Terminal) são mostrados nas figuras seguintes.

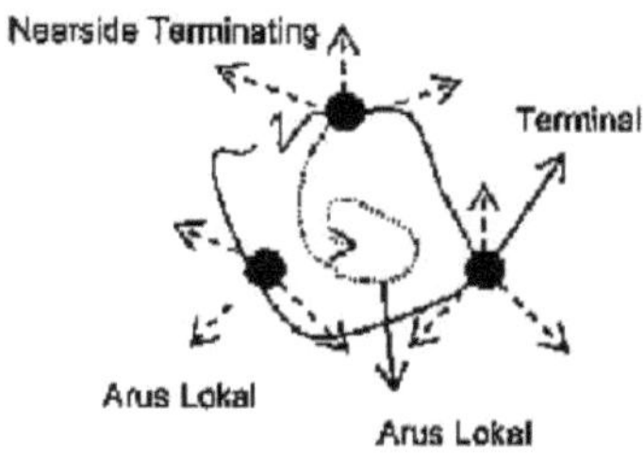

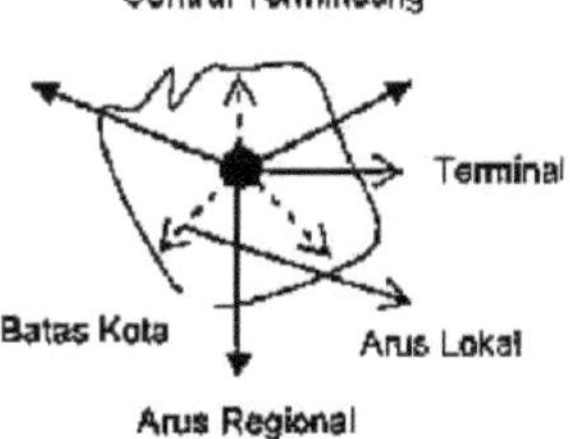

Figura1. Near Side TerminatingFigure 2. Central TerminatingFigure

Análise da aptidão do terreno

O desenvolvimento do planeamento urbano implica decisões de uso do solo para acomodar actividades futuras numa área urbana. Tais decisões de uso do solo devem ser muito criteriosas para que sejam sustentáveis. Neste caso, a adequação do terreno é muito importante para o desenvolvimento de uma estação de autocarros. A análise da aptidão do terreno é um procedimento para cartografar as variações na aptidão relativa para um determinado uso do solo em toda uma jurisdição ou área de planeamento [3]. A análise de aptidão do terreno de uma estação de autocarros é um procedimento para cartografar as variações na aptidão relativa ao uso do solo da estação de autocarros ao longo de toda uma jurisdição ou área de planeamento. Os resultados da análise de aptidão do terreno servem de base para a formulação e avaliação dos planos de utilização do terreno.

A análise da adequação do terreno da estação de autocarros, orientada para o desenvolvimento sustentável, deve acomodar os aspectos económicos, sociais e ambientais. Lidando com o aspecto económico, a selecção de uma área para o desenvolvimento de estações de autocarros deve incorporar investimento (preço do terreno), rendimento potencial, eficiência do transporte trans-provincial, eficiência do transporte transregional e eficiência do transporte no interior das cidades.

Em relação ao ambiente, uma área para o desenvolvimento de estações de autocarros deve prestar atenção ao risco de inundação, um sistema de drenagem natural, risco de tremores, águas subterrâneas, espaço verde, e a existência de uma área ampla adequada. Depois, no que respeita aos aspectos sociais, o desenvolvimento de estações de autocarros deve incorporar impactos sociais, condenação, congestionamento, e fácil acesso. Esta é a forma de selecção do local para o desenvolvimento de estações de autocarros que é orientada para o desenvolvimento sustentável, acomodando aspectos económicos, sociais e ambientais na análise da adequação do terreno.

Várias técnicas são provavelmente utilizadas para realizar análises de adequação da terra, mas a maioria destes multicritérios não são hierárquicos [4]. Por conseguinte, uma estrutura hierárquica de tomada de decisões é essencial para a selecção do local de desenvolvimento de estações de autocarros e o processo de hierarquia analítica (AHP) pode fornecer tal estrutura.

O processo de hierarquia analítica

O processo de hierarquia analítica (AHP) é um método de decisão multicritério que utiliza estruturas hierárquicas para representar um problema e depois desenvolve prioridades para alternativas com base nos critérios. O processo de hierarquia analítica (AHP) tem sido proposto na literatura recente como uma abordagem de solução emergente para problemas de tomada de decisão multicritérios grandes, dinâmicos e complexos no mundo real [5]. Foram relatadas aplicações bem sucedidas da AHP na educação, política pública, economia, medicina, e desporto [6]. A AHP tem sido aplicada numa variedade de formatos tais como: a ferramenta de concepção para sistemas de grande escala ou escalas de rácios compostos [7], o instrumento de comparação de pares na aplicação de redes neurais artificiais [8], ou a estrutura primária de sistemas de apoio à decisão [9]. Como metodologia conveniente, a abordagem AHP tem sido utilizada para determinar os pesos das funções objectivo e objectivo numa formulação de LP objectivo [10], para examinar o vector de ponderação dentro do quadro de referência e procurar a direcção de referência num sistema interactivo visual [11], e para identificar coeficientes objectivos e valores de parâmetros em problemas de LP multi-objectivo [12].

Ao utilizar a AHP, constrói-se basicamente uma hierarquia constituída por objectivo, critérios e alternativas, e depois faz-se julgamentos sobre pares de elementos em relação aos critérios seleccionados. As escalas de proporção são derivadas destes julgamentos e depois sintetizadas em toda a estrutura para seleccionar a melhor alternativa [13]. Por outras palavras, a utilização da AHP tem três passos básicos: (1) decomposição; (2) julgamento comparativo; e (3) síntese de prioridade.

Decomposição na estruturação da hierarquia. Estruturar a hierarquia do topo com o objectivo da decisão, depois os objectivos a partir de uma perspectiva ampla, através dos níveis intermédios (critérios dos quais dependem os elementos subsequentes) até ao nível mais baixo (que normalmente é um conjunto de alternativas). A estruturação da hierarquia da AHP no caso da selecção de um local para o desenvolvimento de uma estação de autocarros, que acomoda aspectos económicos, sociais e ambientais com quatro locais alternativos, pode ser mostrada na imagem seguinte.

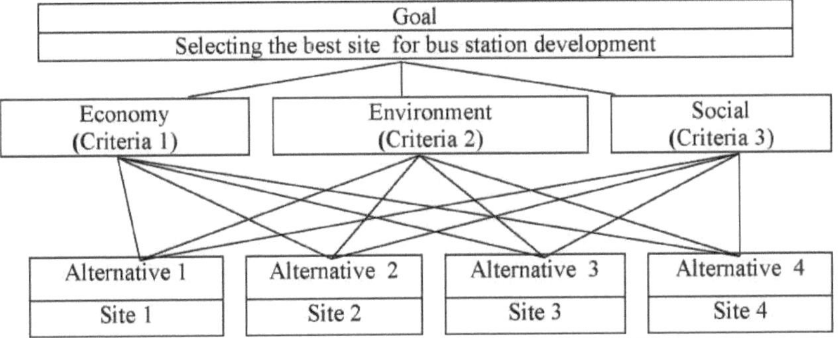

Figura 3. A estrutura hierárquica da AHP para o desenvolvimento de estações de autocarros

Julgamento comparativo. Os elementos de cada nível são comparados em par no que diz respeito à sua importância com um elemento do nível superior seguinte, começando no topo da hierarquia e trabalhando para baixo. São criadas várias matrizes quadradas chamadas matrizes de preferência no processo de comparação de elementos a um determinado nível, julgamentos de preferência que são feitos em pares de elementos na estrutura utilizando "escala fundamental da AHP [14]. Quando existem quatro sítios alternativos, as matrizes quadradas podem ser chamadas de matrizes A4x4. As matrizes com quatro sítios/áreas (A1, A2, A3 e A4) a comparar podem ser descritas como se segue:

	Ai	A2	A3	A4
Ai	Ai/ Ai	Ai/ A2	Ai/ A3	Ai/ A4
A2	A2/ Ai	A2/ A2	A2/ A3	A2/ A4
A3	A3/ Ai	A3/ A2	A3/ A3	A3/ A4
A4	A4/ Ai	A4/ A2	A4/ A3	A4/ A4

$=$

	Ai	A2	A3	A4
Ai	1	W12	W13	W14
A2	W21	1	W23	W24
A3	W31	W32	1	W34
A4	W41	W42	W43	1

As matrizes A4x4 são uma matriz recíproca com 4 elementos. A escala de proporção A1/ A1 igual a 1. a escala de rácio A1/ A2 igual ao peso (W12). A escala de rácio A1/ A3 igual ao peso (W13). A escala de relações A4/ A4 igual ao peso (W44 = 1). A escala de rácios é uma comparação que respeita à sua importância para um elemento do nível superior seguinte, começando no topo da hierarquia e trabalhando para baixo. A escala de rácios ou comparação utiliza números absolutos. Ver a tabela seguinte.

Quadro1. A escala fundamental dos números absolutos

Intensidade de Importância	Definição	Explicação
i	Igual importância	Duas actividades contribuem igualmente para o objectivo
2	Fraco ou ligeiro	
3	Importância moderada	A experiência e o julgamento favorecem ligeiramente uma actividade em detrimento de outra
4	Moderado mais	
5	Forte importância	A experiência e o julgamento favorecem fortemente uma actividade em detrimento de outra
6	Forte mais	
7	Muito forte ou demonstrou a sua importância	Uma actividade é muito favorecida em relação a outro; o seu domínio demonstrado na prática
8	Muito, muito forte	
9	Extrema importância	As provas que favorecem uma actividade em detrimento de outra são da mais alta ordem de afirmação possível

A escala derivada destes números absolutos é uma escala de rácio. A escala fundamental utilizada em AHP permite aos decisores (partes interessadas) incorporar a experiência e o conhecimento de uma forma intuitiva e natural.

Sintetizando. Após a formação das matrizes de preferência, o processo passa para o passo seguinte de derivação de pesos relativos para os vários elementos. Os pesos relativos dos elementos de cada nível em relação a um elemento do nível superior seguinte são calculados como os componentes do *Vector Eigen* normalizado associado ao maior *valor Eigen* das suas matrizes de comparação. Os pesos compostos das alternativas de decisão são determinados através da agregação dos valores.

METODOLOGIA

Esta investigação utiliza uma abordagem quantitativa. O objectivo da investigação é seleccionar o local mais adequado para o desenvolvimento de uma estação de autocarros. Esta investigação é realizada em Pati Regency, Província Central de Java, Indonésia. Os locais alternativos a seleccionar para o desenvolvimento de uma estação de autocarros no estudo são: (1) Sukokulon; (2) Langenharjo; (3) Mustokoharjo; e (4) Widorokandang.

Os critérios para o desenvolvimento de estações de autocarros consistem em aspectos económicos, ambientais e sociais. Nos aspectos económicos, os critérios incluem macroeconomia que consiste no preço da terra (investimento) e rendimento potencial e microeconomia que consiste na eficiência dos autocarros trans-província, eficiência dos autocarros transregionais, e eficiência do transporte no interior da cidade. Nos aspectos ambientais, os critérios incluem o factor topográfico que consiste no risco de inundação, sistema de drenagem natural e risco de tremores de terra e sustentabilidade que consiste numa vasta área adequada, águas subterrâneas e espaço verde. Nos aspectos sociais, os critérios incluem o conforto social que consiste no congestionamento, acesso e segurança e o risco social que consiste na condenação e impacto no serviço social. Os múltiplos factores/critérios seleccionados para a tomada de decisão sobre o desenvolvimento de estações de autocarros no estudo são mostrados na seguinte estrutura hierárquica.

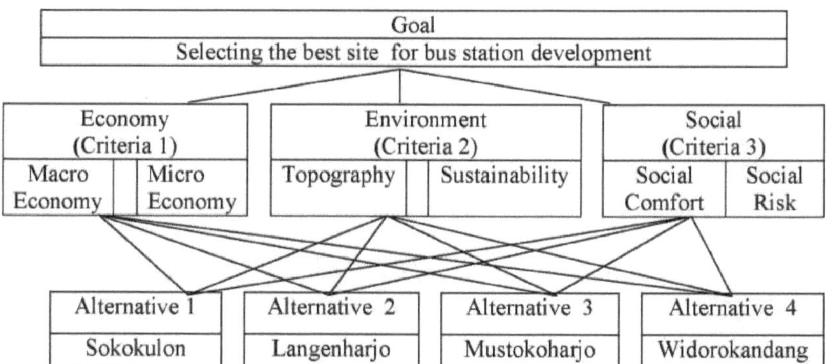

Figura 4. A estrutura hierárquica da selecção de uma área para o desenvolvimento de estações de autocarros

A recolha de dados nesta pesquisa é realizada através de brainstorming, entrevistas e inquéritos. O brainstorming das partes interessadas é para determinar o peso dos factores de localização. As partes interessadas consistem em funcionários, utilizadores de transportes, prestadores de serviços de transporte, e planeadores. Depois, os dados para a prioridade do local são obtidos a partir da observação de campo e entrevistas aos informadores e funcionários.

A análise da investigação utiliza o processo de hierarquia analítica. Em primeiro lugar, é a análise da análise do peso respeitando as preferências dos intervenientes que lidam com critérios seleccionados. Em segundo lugar, é a análise da prioridace do local, respeitando a capacidade de carga do local para o desenvolvimento de estações de autocarros. Em terceiro lugar, é a análise da classificação de prioridade para os sítios alternativos. É a síntese da prioridade dos sítios alternativos em toda a estrutura para seleccionar o melhor sítio alternativo.

OS RESULTADOS DO RESULTADO: APLICAÇÃO DO PROCESSO DE HIERARQUIA ANALÍTICA PARA O PLANEAMENTO DO DESENVOLVIMENTO DE ESTAÇÕES DE AUTOCARROS

O peso de múltiplos critérios baseados nas preferências das partes interessadas

A determinação do peso de múltiplos factores (critérios) é obtida a partir de um brainstorming de quarenta pessoas das partes interessadas. Estão incluídos funcionários, utilizadores de transportes, prestadores de serviços de transporte, e planeadores. É-lhes pedido que dêem as suas opiniões sobre a intensidade da importância de cada factor de localização do desenvolvimento de estações de autocarros. Quando quarenta pessoas das partes interessadas são questionadas sobre o peso 38

(intensidade de importância) para a economia, ambiente e social, as pontuações são 1480 para a economia, 1280 para o ambiente e 1240 para o social. A pontuação total dos três factores é de 4000. Portanto, os pesos normalizados são 0,3700 para a economia derivada de (1480 / 4000), 0,3200 para o ambiente derivada de (1280 / 4000) e 0,3100 para o social derivada de (1240 / 4000). Outros critérios que começam no topo da hierarquia e que trabalham para baixo são comparados das mesmas formas. Resumidamente, os resultados do brainstorming que é obtido de quarenta pessoas de partes interessadas são mostrados no quadro seguinte.

Quadro 2, O peso respeitando os múltiplos critérios de desenvolvimento de estações de autocarros

Principais critérios (Wi)	Economia 1480 (0.3700)	Ambiente 1280 (0.3200)	Social 1240 (0.3100)	Preferência Peso
Critérios médios (Wii)	Macro Micro 0.4850 0.5150	Topogr. Sustentar 0.45880 .5412	Risco de Conforto 0.5125 0.4875	(Pi) = Wi.Wii.Wij
Macro Eco.	(Wij)			
investimento	0.4250			0.0763
rendimentos	0.5750			0.1032
Micro Eco.	(Wij)			
Autocarro inter Prov	0.3138			0.0598
Reg. de autocarro Inter Reg.	0.3325			0.0634
Intra-cidade Tranp	0.3537			0.0674
Topografia		(Wij)		
Inundações		0.3697		0.0543
Drenagem		0.3458		0.0508
Risco de tremor de terra		0.2845		0.0418
Sustentabilidade		(Wij)		
Águas subterrâneas		0.3138		0.0543
Área disponível		0.3338		0.0578
Espaço verde		0.3524		0.0610
Conforto social			(Wij)	
Congestionamento			0.3188	0.0506
Acesso principal			0.3987	0.0633
Segurança			0.2825	0.0449
Risco social			(Wij)	
Condenação			0.4700	0.0710
Impactos sociais			0.5300	0.0801

A economia, o ambiente e o social como critérios principais são dados o código (Wi) para o peso. Depois é codificado o peso dos critérios médios, tais como macro economia, micro economia (Wii) e é codificado o peso dos subcritérios, tais como investimento e rendimento (Wij). Depois, o peso das preferências dos intervenientes (Pi) é igual a (Wi.Wii.Wij). O peso de preferência (Pi) do investimento (preço da terra) é 0,0763 que é derivado de (0,3700 x 0,4850 x 0,4250). O peso de preferência (Pi) das águas subterrâneas é 0,0543 que é derivado de (0,3200 x 0,5412 x 0,3138). O peso de preferência (Pi) de outros critérios é calculado de forma semelhante.

Locais alternativos para o planeamento do desenvolvimento de estações de autocarros

Existem 4 locais alternativos que estão preparados para o planeamento do desenvolvimento de estações de autocarros no estudo. Em primeiro lugar, é o local em Sukokulon que está localizado na parte ocidental da Cidade de Pati. Em segundo lugar, é o local em Langenharjo que está localizado na parte sul da Cidade de Pati. Em terceiro lugar, é o local em Mustokoharjo que está localizado na parte sudeste da Cidade de Pati. Em quarto lugar, é o local em Widorokandang que está localizado na parte oriental da Cidade de Pati. Os quatro locais alternativos devem ser seleccionados para o desenvolvimento de estações de autocarros, que são capazes de apoiar de forma óptima o crescimento urbano em Pati Regency. As áreas alternativas são descritas nas imagens seguintes.

Site em   Site em Langenharjo

Site em Mustokoharjo   Sítio em Widorokandang

Figura 5. Locais alternativos para o desenvolvimento de estações de autocarros em Pati Regency

Análise da prioridade do sítio

Existem 4 locais alternativos para o desenvolvimento de estações de autocarros em Pati Regency, nomeadamente: (1) Sukokulon; (2) Langenharjo; (3) Mustokoharjo; e (4) Widorokandang. Estes quatro sítios são comparados em termos de múltiplos factores. Os dados de capacidade de carga para cada sítio (área) são obtidos a partir da observação de campo e entrevista a informadores e funcionários. A comparação de sítios é normalmente chamada "comparação em pares". Estes quatro sítios alternativos são comparados em conformidade com os 16 critérios seleccionados, nomeadamente: (1) investimento (preço do terreno); (2) rendimento; (3) trans-província de autocarros; (4) transregência de autocarros; (5) transporte no interior da cidade; (6) risco de inundação; (7) risco de tremor; (8) sistema de drenagem natural; (9) águas subterrâneas; (10) área ampla disponível adequada; (11) espaço verde; (12) congestionamento; (13) acesso; (14) segurança; (15) condenação; e (16) impacto no serviço social como serviço de saúde e educação.

A prioridade para cada critério dos sítios alternativos deve ser calculada um a um. Em primeiro lugar, devem ser recolhidos os dados descritivos dos quatro sítios alternativos. Em segundo lugar, os dados descritivos devem ser convertidos em valores de adequação do terreno, utilizando números absolutos (1 a 9). Em relação ao critério do preço do terreno (investimento), por exemplo, quando se comparam os quatro sítios, o resultado é que o preço mais barato do terreno está em Widorokandang, seguido de Mustokoharjo, depois Sukokulon e o preço do terreno mais caro está em Langenharjo. Neste caso, o preço mais barato da terra é o mais valioso em comparação. Os dados descritivos são finalmente transformados em valores, utilizando números absolutos (1 a 9). O preço mais barato da terra é o valor mais adequado da terra. Os valores são 9 para o preço da terra em Widorokandang, 7 para o preço da terra em Mustokoharjo, 3 para o preço da terra em Sokokokulon e 1 para o preço da terra em Langenharjo.

Em relação aos critérios do risco de inundação, quando se comparam os quatro locais, o resultado é que Sokokokulon é a melhor área, tem o menor risco de inundação. O segundo melhor local é a área em Mustokoharjo. Depois é seguido pelo sítio em Langenharjo e o pior sítio em risco de inundação é a área em Widorokandang. Neste caso, o menor risco de inundação é o maior valor em comparação com a aptidão do terreno. Os dados descritivos são finalmente transformados em valores, utilizando números absolutos (1 a 9). Quanto menor for o risco de inundação, maior será o valor de adequação da terra. Os valores de aptidão da terra em relação ao risco de inundação são 7 para Sukokulon, 5 para Mustokoharjo, 3 para Langenharjo e 1 para Widorokandang.

Respeitando os critérios do espaço verde, quando os quatro sítios são comparados, o resultado é que Sokokokulon é o pior sítio para o espaço verde. O sítio de Langenharjo é suficientemente bom para o espaço verde. O melhor sítio é a área em Mustokoharjo para espaço verde. Então o local em Widorokandang é relativamente limitado. Neste caso, o melhor potencial de espaço verde é o maior valor em comparação com a aptidão do terreno para o desenvolvimento de estações de autocarros. Os dados descritivos são finalmente transformados em valores, utilizando números absolutos (1 a 9). Quanto melhor for o espaço verde potencial, maior será o valor para comparação. Os valores da aptidão do terreno para o espaço verde são 1 para Sukokulon, 6 para Langenharjo, 8 para Mustokoharjo e 3 para Widorokandang.

Todos os factores de localização (critérios) devem ser calculados para comparar de forma semelhante. Respeitando os 16 critérios (factores de localização), os valores de adequação do terreno dos quatro locais alternativos do estudo podem ser mostrados na tabela seguinte.

Tabela 3, Os valores de adequação dos terrenos de sítios alternativos para o desenvolvimento de estações de autocarros

Factores de localização	Valores de aptidão de sítios alternativos			
	Suko kulon	Langen harjo	Mustoko harjo	Widoro kandang
Investimento (preço do terreno)	3	1	7	9
Rendimento	7	3	1	6
Autocarro Trans-província	7	3	1	6
Autocarro de transbordo	7	3	1	6
Transporte interior da cidade	1	8	7	3
Inundações	7	3	5	1
Drenagem	7	5	3	1
Risco de tremor de terra	7	3	1	6
Águas subterrâneas	7	5	3	1
Grande área disponível	3	1	7	5
Espaço verde	1	6	8	3
Congestionamento	1	6	8	3
Acesso	7	3	1	6
Segurança	7	3	1	6
Condenação	5	1	7	3
Impacto social	1	7	8	3

Quando o preço do terreno (investimento) dos quatro sítios é comparado, o resultado é que os valores são 9 para o preço do terreno (investimento) em Widorokandang, 7 para o preço do terreno em Mustokoharjo, 3 para o preço do terreno em Sokokokulon e 1 para o preço do terreno em Langenharjo. As escalas de proporção derivadas dos números absolutos são mostradas nas seguintes matrizes.

Áreas	Suko kulon		Langen harjo	Mustoko harjo	Widoro kandang
	escala 3		1	7	9
Sukokulon	3	1	3	¾	1/₁ 3
Langenharjo	1	⅛	1	1/₇	¼
Mustoko harjo	7	⅔	7	1	¾
Widorokandang	9	3	9	¼	1

O valor (1/3) na coluna 3 e na linha 4 é a escala de rácio de 1 em Langenharjo e 3 em Sukokulon. O valor (9) na coluna 4 e na linha 6 é a escala de rácio de 9 em Widorokandang e 1 em Langenharjo. Os outros valores de rácio são obtidos de forma semelhante em relação à linha e coluna. As escalas de rácios da comparação de pares acima podem ser convertidas em números decimais como nas seguintes matrizes.

	Sukokulon	Langenharjo	Mustokoharjo	Widorokandang
Sukokulon	1.0000	3.0000	0.4286	0.3333
Langenharjo	0.3333	1.0000	0.1429	0.1111
Mustokoharjo	2.3333	7.0000	1.0000	0.7778
Widorokandang	3.0000	9.0000	1.2857	1.0000
Total	6.6666	20.0000	2.8571	2.2222

No passo seguinte, a comparação sábia do par em decimal acima pode ser convertida em valores normalizados dividindo qualquer pontuação pela pontuação total como nas matrizes seguintes.

	Sukokulon	Langenharjo	Mustokoharjo	Widorokandang
Sukokulon	0.1500	0.1500	0.1500	0.1500
Langenharjo	0.0500	0.0500	0.0500	0.0500
Mustokoharjo	0.3500	0.3500	0.3500	0.3500
Widorokandang	0.4500	0.4500	0.4500	0.4500
Total	1.0000	1.0000	1.0000	1.0000

O valor normalizado 0,1500 na coluna 2 e linha 2 é derivado de (1,0000 / 6,6666). Depois o valor normalizado 0,4500 na coluna 4 e na linha 5 é derivado de (1,2857 / 2,8571). Outro valor normalizado é calculado de forma semelhante, qualquer pontuação é dividida pela pontuação total na coluna relacionada. Com base na comparação de pares acima, a prioridade de cada local é determinada como as seguintes matrizes.

	Suko kulon	Langen harjo	Mustoko harjo	Widoro kandang	Prioridade
Sukokulon	0.1500	0.1500	0.1500	0.1500	0.1500
Langenharjo	0.0500	0.0500	0.0500	0.0500	0.0500
Mustokoharjo	0.3500	0.3500	0.3500	0.3500	0.3500
Widorokandang	0.4500	0.4500	0.4500	0.4500	0.4500
Total	1.0000	1.0000	1.0000	1.0000	1.0000

A prioridade nos critérios de investimento (preço do terreno) para estação de autocarros pode ser determinada a partir dos valores médios das linhas da comparação do par. Em relação ao preço do terreno, a área prioritária pode ser organizada da seguinte forma:

1	Widorokandang0	.4500
2	Mustokoharjo0	.3500
3	Sukokulon0	.1500
4	Langenharjo0	.0500

A prioridade para cada factor de localização (critério) de quatro áreas (locais) deve ser calculado um a um. Quando a prioridade de quatro áreas (sítios) é codificada Aij1, Aij2, Aij3 e Aij4, todas as prioridades de cada sítio devem ser organizadas completamente. Com base nos valores de adequação do terreno anteriormente mencionados na tabela 3, a prioridade de cada área alternativa (sítios alternativos) respeitando os 16 critérios (factores de localização) para o desenvolvimento de estações de autocarros neste estudo, é mostrada na tabela seguinte.

Quadro 4. Áreas alternativas prioritárias para o desenvolvimento de estações de autocarros

Factor	Suko kulon Aij1	Langen harjo Aij2	Mustoko harjo Aij3	Widoro kandang Aij4	Prioridade Normalizada
Investimento (preço do terreno)	0.1500	0.0500	0.3500	0.4500	1.0000
Rendimento	0.4118	0.1765	0.0588	0.3529	1.0000
Autocarro Trans-província	0.4118	0.1765	0.0588	0.3529	1.0000
Autocarro de transbordo	0.4118	0.1765	0.0588	0.3529	1.0000
Transporte interior da cidade	0.0526	0.4211	0.3684	0.1579	1.0000
Inundações	0.4375	0.1875	0.3125	0.0625	1.0000
Drenagem	0.4375	0.3125	0.1875	0.0625	1.0000
Risco de tremor de terra	0.4118	0.1765	0.0588	0.3529	1.0000
Águas subterrâneas	0.4375	0.3125	0.1875	0.0625	1.0000
Grande área disponível	0.1875	0.0625	0.4375	0.3125	1.0000
Espaço verde	0.0526	0.3684	0.4211	0.1579	1.0000
Congestionamento	0.0556	0.3333	0.4444	0.1667	1.0000
Acesso	0.4118	0.1765	0.0588	0.3529	1.0000
Segurança	0.4118	0.1765	0.0588	0.3529	1.0000
Condenação	0.3125	0.0627	0.4373	0.1875	1.0000
Impacto social	0.0526	0.3684	0.4211	0.1579	1.0000

Sintetização do local prioritário para o desenvolvimento de estações de autocarros

A prioridade do sítio é a classificação das áreas alternativas obtidas a partir dos valores de acumulação. Cada valor relativo a um critério em cada área alternativa é obtido pela multiplicação entre o peso das preferências das partes interessadas (Pi) no quadro 2 e a prioridade do local (Aij) no quadro 4. Em relação ao investimento (preço do terreno), por exemplo, o peso das preferências dos interessados (Pi) é de 0,0763. A prioridade do local em Sokokulon é 0,1500, pelo que o valor da prioridade relativamente ao investimento (preço da terra) em Sokokokulon é 0,0114 que é derivado de (0,0763 x 0,1500). Com o mesmo critério (investimento), Langenharjo tem prioridade (0,0500), pelo que o valor é de 0,0038 que deriva de (0,0763 x 0,0500). Mustokoharjo tem prioridade (0,3500) pelo que o valor é 0,0267 que derivou de (0,0763 x 0,3500). Widorokandang tem prioridade (0,4500) pelo que o valor é 0,0343 que derivou de (0,0763 x 0,4500). Resumidamente, o valor de prioridade para cada factor de localização é obtido multiplicando entre o peso das preferências dos intervenientes (Pi) e a prioridade do local (Aij).

Quando os valores de prioridade para todos os factores de localização tiverem sido completamente calculados, os valores de prioridade devem ser sintetizados para determinar a classificação de cada sítio. Em

Outra palavra, a prioridade de síntese para o desenvolvimento de estações de autocarros é obtida a partir de valores de acumulação (£ Pi . Aij). Veja a tabela seguinte.

Tabel 5. Classificação prioritária das áreas alternativas para o desenvolvimento de estações de autocarros

Factores / Critérios	Peso de preferência Pi	Sukokulon (Área 1)		Langenharjo (Área 2)		Mustokoharjo (Área 3)		Widorokandang (Área 4)	
		Anterior Aij1	Valor Pi x Aij1	Anterior Aij2	Valor Pi x Aij2	Anterior Aij3	Valor Pi x Aij3	Anterior Aij4	Valor Pi x Aij3
Investimento	0.0763	0.1500	0.0114	0.0500	0.0038	0.3500	0.0267	0.4500	0.0343
Rendimento	0.1032	0.4118	0.0425	0.1765	0.0182	0.0588	0.0061	0.3529	0.0364
Trans-prov. autocarro	0.0598	0.4118	0.0246	0.1765	0.0106	0.0588	0.0035	0.3529	0.0211
Autocarro Trans-reg.	0.0634	0.4118	0.0261	0.1765	0.0112	0.0588	0.0037	0.3529	0.0224
Transporte urbano	0.0674	0.0526	0.0035	0.4211	0.0284	0.3684	0.0248	0.1579	0.0106
Inundações	0.0543	0.4375	0.0238	0.1875	0.0102	0.3125	0.0170	0.0625	0.0034
Drenagem	0.0508	0.4375	0.0222	0.3125	0.0159	0.1875	0.0095	0.0625	0.0032
Risco de tremor de terra	0.0418	0.4118	0.0172	0.1765	0.0074	0.0588	0.0025	0.3529	0.0148
Águas subterrâneas	0.0543	0.4375	0.0238	0.3125	0.0170	0.1875	0.0102	0.0625	0.0034
Área disponível	0.0578	0.1875	0.0108	0.0625	0.0036	0.4375	0.0253	0.3125	0.0181
Espaço verde	0.0610	0.0526	0.0032	0.3684	0.0225	0.4211	0.0257	0.1579	0.0096
Congestionamento	0.0506	0.0556	0.0028	0.3333	0.0169	0.4444	0.0225	0.1667	0.0084
Acesso	0.0633	0.4118	0.0261	0.1765	0.0112	0.0588	0.0037	0.3529	0.0223
segurança	0.0449	0.4118	0.0185	0.1765	0.0079	0.0588	0.0026	0.3529	0.0158
Condenação	0.0710	0.3125	0.0222	0.0627	0.0045	0.4373	0.0310	0.1875	0.0133
Impacto social	0.0801	0.0526	0.0042	0.3684	0.0295	0.4211	0.0337	0.1579	0.0126
Índice normalizado Prioridade do sítio		0.2830		0.2186		0.2486		0.2499	
(%) Classificação		28.30		21.86		24.86		24.99	
do sítio		Um		Quatro		Três		Dois	

O sítio em Sukokulon tem a melhor classificação (classificação um) com índice normalizado (0,2830) que é igual a (28,30 %). A segunda classificação é o site em Widorokandang com índice normalizado (0,2499) que é igual a (24,99 %). A terceira classificação é o local em Mustokoharjo com índice normalizado (0,2486) que é igual a (24,86 %). O pior local (classificação quatro) é uma área em Langenharjo com índice normalizado (0,2186) que é igual a (21,86 %).

CONCLUSÃO

O planeamento do desenvolvimento de estações de autocarros, orientado para o desenvolvimento sustentável, deve incorporar os aspectos económicos, ambientais e sociais. No caso deste estudo, existem algumas conclusões. Em primeiro lugar, o sítio 1 (Sukokulon) normalizou o índice (0,2830), que é igual a (28,30 %). É a área mais adequada para o desenvolvimento de estações de autocarros na área de estudo. Normativamente deve ser seleccionado para a primeira prioridade para o desenvolvimento de estações de autocarros. Em segundo lugar, o sítio 2 (Langenharjo) normalizou o índice (0,2186) que é igual a (21,86 %). Tem a prioridade mínima (a pior), pelo que esta área alternativa não deve ser seleccionada para o desenvolvimento de estações de autocarros na área de estudo.

Em terceiro lugar, o site 3 (Mustokoharjo) normalizou o índice (0,2486) que é igual a (24,86 %). É menos adequado para o desenvolvimento de estações de autocarros. Em quarto lugar, o sítio 4 (Widorokandang) normalizou o índice (0,2499) que é igual a (24,99 %). É a segunda melhor escolha para o desenvolvimento de estações de autocarros, quando a primeira melhor escolha é difícil de obter apoio de vontades políticas. Normativamente, a área ou local com o índice mais elevado é o melhor para o desenvolvimento. No entanto, a vontade política por vezes interfere por algumas razões e interesses. Desta forma, se a primeira prioridade não puder ser seleccionada devido a algumas razões, alternativamente, o local que tem a segunda melhor prioridade pode ser arranjado para a opção alternativa para o planeamento do desenvolvimento da estação de autocarros.

REFERÊNCIAS

1. PNUA. 1996. O Guia de Desenvolvimento da Agenda 21 Local. Quénia: Departamento de Informação e Assuntos Públicos.

2. Raharjo, Mujoko. 2005. Analisisis Variabel Yang Mempengaruhi Kinerja Terminal Terboyo. Tese. Semarang: Fakultuas Teknik, Undip.

3. Mohit, M.A. e Ali, M.M. 2006. Integrating GIS and AHP for Land Suitability Analysis for Urban Development in a Secondary City of Bangladesh, Jurnal Alam Bina, Vol 8, No.1, pp. 3-15.

4. Kaiser, E.J., Godschalk D.R. e Chapin F.S. Jr. 1995. Urban Land Use Planning. Urbana e Chicago: University of Illinois Press, pp.215-16.

5. Jiaqin Yang, J. e Lee,H. 1997. An AHP Decision Model for Facility Location Selection, *Facilities*, Volume 15, Número 9/10, pp. 241-254.

6. Saaty, T.L. 1990. Como Tomar uma Decisão: The Analytic Decision Process, *European Journal of Operational Research*, Vol. 48, pp. 9-26.

7. Weiss, E.N. e Rao, V.R. 1987. AHP Design Issues for Large-Scale Systems, *Decision Sciences*, Vol. 18 No. 1, pp. 43-57.

8. Sun, M., Stam, A. e Steuer, R.E. 1996. Solving Multiple Objective Programming Problems Using Feed - Forward Artificial Neural Networks: The Interactive FFANN Procedure, *Management Science*, Vol. 42 No. 6, pp. 835-49.

9. Tavana, M. e Banerjee, S. 1995. Strategic Assessment Model (SAM): a Multiple Criteria Decision Support System for Evaluation of Strategic Alternatives, *Decision Science*, Vol. 26 No. 1, pp. 119-43.

10. Gass, S.I. 1986. A process for Determining Priorities and Weights for LargeScale Linear Goal Programmes, *Journal of Operations Research Society*, Vol. 37 No. 8, pp. 779-85.

11. Korhonen, P. 1987. The Specification of a Reference Direction Using the Analytic Hierarchy Process, *Mathematical Modelling*, Vol. 9 Nos. 3-5, pp. 361-8.

12. Korhonen, P. e Wallenius, J. 1990. Using Qualitative Data in Multiple Objective Linear Programming, *European Journal of Operational Research*, Vol. 48 No. 1, pp. 81-7.

13. Bahurmoz, A.M.A. 2006. O Processo de Hierarquia Analítica: A Methodology for Win-Win Management, *JKAU: Econ. & Adm.,* Vol. 20 No. 1, pp: 3-16.

14. Saaty, T.L. 2008. Tomada de Decisão com o Processo de Hierarquia Analítica, *Int. J. ServicesSciences*, Vol. 1, No. 1, pp.83-98.

Conteúdos

yes
I want morebooks!

Buy your books fast and straightforward online - at one of world's fastest growing online book stores! Environmentally sound due to Print-on-Demand technologies.

Buy your books online at
www.morebooks.shop

Compre os seus livros mais rápido e diretamente na internet, em uma das livrarias on-line com o maior crescimento no mundo! Produção que protege o meio ambiente através das tecnologias de impressão sob demanda.

Compre os seus livros on-line em
www.morebooks.shop

KS OmniScriptum Publishing
Brivibas gatve 197
LV-1039 Riga, Latvia
Telefax: +371 686 204 55

info@omniscriptum.com
www.omniscriptum.com